프레지애의
스타일리시
니트

출판사 클의 책을
만나보세요.

프레지애의 스타일리시 니트
누구나 입고 싶은 쉽고 감각적인 뜨개 13

1판1쇄 펴냄 2025년 11월 14일

지은이 서지애

펴낸이 김경태
편집 조현주 홍경화 강가연
디자인 박정영 김재현 | **마케팅** 정보경 | **사진** 최기홍(앳더위켄드 스튜디오)
펴낸곳 (주)출판사 클
출판등록 2012년 1월 5일 제311-2012-02호
주소 03385 서울시 은평구 연서로26길 25-6
전화 070-4176-4680 | 팩스 02-354-4680 | 이메일 bookkl@bookkl.com
ISBN 979-11-94374-49-7 13590

이 책은 저작권법에 의해 보호를 받는 저작물이므로 무단 전재 및 무단 복제를 금합니다.
잘못된 책은 바꾸어드립니다.

프레지애의
스타일리시 니트

서지애 지음

누구나 입고 싶은
쉽고 감각적인 뜨개 13

프롤로그

뜨개는 '기세'입니다!

뜨개 작가가 되고 나서 질리도록 듣는 질문이 있습니다.
"초보인데 가능할까요?"
"어떻게 하면 지애 님처럼 뜨개를 잘할 수 있나요?"
저는 늘 이렇게 말합니다.
"뜨개는 기세입니다!"

뜨개를 잘하는 방법은 근거 없는 자신감에서 시작됩니다. 저 역시 처음부터 뚝딱 완성품을 만들어낸 건 아니었어요. 수많은 '푸르시오' 끝에 방법을 하나씩 터득하다 보니 자신감이 생겼고, 어느덧 지금에 이르게 되었습니다.

사실 저는 실패가 무서워서 쉽게 도전하지 못하는 사람이었습니다. 하지만 뜨개를 만나고 나서는 실패를 두려워하지 않는 용기를 배우게 되었습니다. 뜨개는 시간과 노력이 많이 드는 일이기에, 실패 없이는 완성에 다다를 수 없다는 걸 알게 되었거든요. 그 과정을 수없이 반복하는 동안, 실수조차 나를 성장시키는 한 부분임을 깨달았습니다.

여러분 모두 스스로를 믿으시길 바랍니다. '나는 초보라서 못할 거야'라는 생각은 버리세요. 저도 시작했으니 여러분도 충분히 할 수 있습니다!

저는 만드는 과정이 즐거운 도안, 저마다의 특징이 살아 있는 디자인을 추구합니다. 그리고 일상에 자연스럽게 스며들어 자주 손이 가는 니트웨어를 지향합니다. 누구나 편하게 입을 수 있는 옷 안에 담긴 정성이 그 옷만의 특별함이 되길 바라는 마음으로 매일 바늘을 잡습니다.

이 책에 실린 13벌의 니트는 제가 입고 싶은 옷을 디자인하고 밤낮으로 수정하며 만들어낸 결과물입니다. 고양이 패턴이 귀여운 캣츠 코위찬 집업, 도톰한 케이블 짜임이 포근한 빈티지 아란 니트, 곰과 나무, 눈 결정 무늬에서 북유럽 감성이 묻어나는 하이 노르딕 카디건, 사선 여밈이 트렌디한 미드나잇 카디건 등 유행을 타지 않고 오래 입을 수 있는 옷을 선보이기 위해 애썼습니다. 귀엽거나 컬러풀하거나 혹은 클래식한 디자인까지, 다채로운 취향을 반영한 작품 중에서 원하는 스타일을 골라 뜨개를 시작해보시길 바랍니다.

제 작품을 통해 뜨개 옷이 만들기 어렵다는 고정관념이 사라지고, 뜨개가 소수의 취미가 아니라 누구나 가볍게 시작할 수 있는 대중적인 취미가 되었으면 합니다. 이 책이 누군가에게는 선물 같은 도안집이 되길 바라며, 뜨개가 주는 따스한 행복을 여러분과 함께 나누고 싶습니다.

2025년 가을
서지애

차례

프롤로그 ... 004
이 책을 보는 방법 ... 008

스타일리시 니트

바인 풀오버 ... 012

몽글이 카디건 ... 038

클래식 V넥 베스트 ... 048

빈티지 아란 스웨터 ... 058

미드나잇 카디건 ... 080

눈꽃마을 스웨터 ... 090

코코넛 블라우스 ... 102

하이 노르딕 카디건 ... 114

퓨어 퍼프 니트 ... 128

데이오프 스웨터 ... 142

캣츠 코위찬 집업 ... 150

봄꽃놀이 카디건 ... 162

뜨랩 스웨터 ... 178

뜨개의 기초

게이지 조정 ... 188
도안 읽는 법 ... 189
손뜨개 약어 ... 190
뜨개 기법
  코 잡기·겉뜨기 ... 191
  안뜨기·KFB ... 192
  PFB·M1R ... 193
  M1L·M1R(안) ... 194
  M1L(안)·감아코 ... 195
  K2TOG·P2TOG·SSK ... 196
  SSP·덮어씌워 코막음 ... 197
  코에서 코 줍기·단에서 코 줍기·세로잇기 ... 198
  가로잇기·경사뜨기 ... 199

이 책을 보는 방법

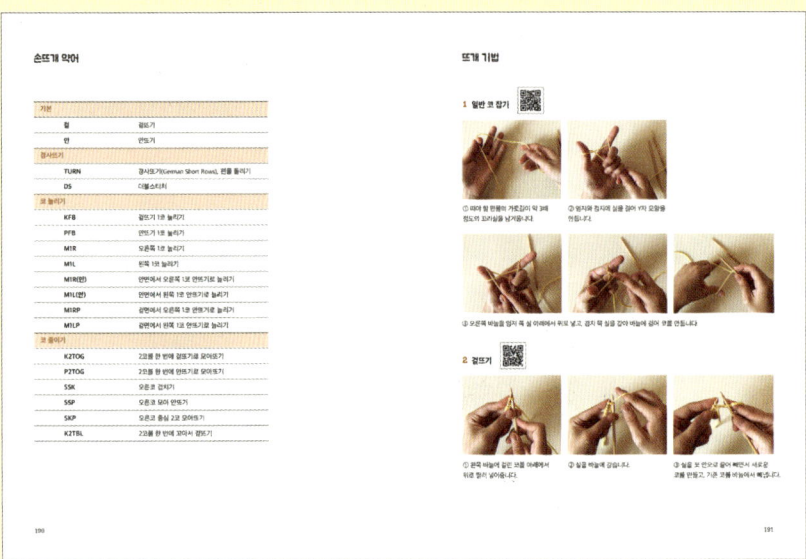

이 책에 사용된 뜨개 기법과 뜨개에 관한 궁금증은 '뜨개의 기초' 부분을 참고합니다.
과정별 사진과 QR 영상을 통해 친절하게 알려드려요.

이 책에는 총 13벌의 니트 상의가 수록되어 있습니다.
차례나 각각의 화보 페이지를 참고하여 뜨고 싶은 작품을 골라보세요.

작품마다 최대한 다양한 사이즈를 실었습니다.
자신에게 맞는 사이즈를 선택하고
해당 사이즈별 콧수나 차트 도안을 찾아 작업합니다.

재료와 실, 게이지, 사용기법 등
준비물과 기본 사항을 확인하고 뜨개를 준비합니다.

사진 촬영에 사용한 원작의 사이즈는
★로 표시했습니다.

작품을 만드는 데 필요한 영상, 도안 PDF 등
각종 참고사항을 확인할 수 있는 QR코드입니다.
오류가 수정된 도안 또한 이곳에 업데이트 될 예정입니다.

스타일리시 니트

Vine Pullover

바인 풀오버

참고사항 & 영상

바인 풀오버는 넝쿨의 짜임 같은 다채로운 케이블 무늬가 돋보이는 아란 니트입니다.
탑다운 방식으로 진행되어 사이즈와 길이 조절이 자유롭습니다.
상단 부분은 평면뜨기로 시작해 넥 라인을 만든 후 원통뜨기로 이어집니다.
원작은 총 길이 40cm로 비교적 짧게 제작되었고, 뜨는 과정에서 원하는 길이로 조절하며
체형과 취향에 맞는 균형 잡힌 실루엣을 완성할 수 있습니다.
자신의 가슴둘레에서 약 10-15cm 정도 여유 있는 사이즈를 선택해 만들어보세요.

사이즈(cm) & 실 소요량(볼)

사이즈	1	2	3★	4
가슴둘레	105	110	120	130
기장	47	48	50	52
실 소요량	6	6	6	7

게이지 1코 2단 멍석뜨기 : 4mm 22코 34단(10×10cm)
무늬 A : 4mm 44코 34단(14×10cm)
무늬 B : 4mm 14코 34단(4.5×10cm)
바늘 4mm(메인), 3.5mm(소매 고무단), 3mm(몸판 고무단), 2.75mm(목둘레) / 케이블 40+60+80cm
실 '낙양모사' 따소코-220 레드
사용기법 겉뜨기, 안뜨기, 교차뜨기, M1R, M1L, M1RP, M1LP, SSK, SSP, K2TOG, P2TOG

| 넥 라인 만들기 + 래글런 늘리기 | **코 잡기** 4mm 대바늘에 104코 일반 코 잡기

셋업단을 진행하며 '/' 표시마다 마커를 걸어줍니다.

셋업단 안1(앞목) / 안4(래글런) / 안18(소매) / 안4(래글런) / 안50(뒷목) / 안4(래글런) / 안18(소매) / 안4(래글런) / 안1(앞목)

'/' 표시마다 마커를 넘기며 목 파임차트(21쪽)를 참고하여 넥 라인이 완성되기 전까지 모두 평면뜨기로 진행합니다.

1단(겉면) 왼쪽 앞목 차트 / 겉4(래글런) / 소매 차트 / 겉4(래글런) / 뒷목 차트 / 겉4(래글런) / 소매 차트 / 겉4(래글런) / 오른쪽 앞목 차트
2단(안면) 오른쪽 앞목 차트 / 안4(래글런) / 소매 차트 / 안4(래글런) / 뒷목 차트 / 안4(래글런) / 소매 차트 / 안4(래글런) /왼쪽 앞목 차트

1-2단을 23단까지 반복합니다.
23단째에 감아코까지 만든 후 넥 라인을 연결하고 원통뜨기로 진행합니다.
이제부터는 계속해서 겉면만 바라보며 뜹니다.

24단(겉면) 왼쪽 앞목 차트 / 겉4 / 소매 차트 / 겉4 / 뒷목 차트 / 겉4 / 소매 차트 / 겉4 / 오른쪽 앞목 차트

실을 끊어줍니다. '왼쪽 앞목 코+래글런 4코+왼쪽 소매 코'를 그대로 오른쪽 바늘로 옮기며 마커도 함께 옮겨줍니다. • 이제 이 지점이 원통뜨기의 시작점이 됩니다.
시작점에 시작마커를 걸고 새 실을 연결한 후 다음과 같이 진행합니다.

25단(겉면) / 겉4 / 몸판 차트 / 겉4 / 소매 차트 / 겉4 / 몸판 차트 / 겉4 / 소매 차트

계속해서 차트를 보며 80(84)96(108)단까지 래글런 늘림을 진행합니다.

|
| 소매 분리하기 | 차트 81(85)97(109)단을 보고 다음과 같이 뜨며 몸통과 소매를 분리합니다.

81(85)97(109)단 시작마커 넘기기, (안1, 겉1) × 2회(래글런), 마커 제거, 마커 전까지 몸판 차트대로 뜨기, 마커 제거, (겉1, 안1) × 2회(래글런), 마커 제거, 소매 98(102)114(126) |

코 별실이나 여분의 케이블에 옮기기, 마커 제거, 감아코 13(17)19(21)코 만들기, (안1, 겉1) × 2회(래글런), 마커 제거, 마커 전까지 몸판 차트대로 뜨기, 마커 제거, (겉1, 안1) × 2회 (래글런), 마커 제거, 소매 98(102)114(126)코 별실이나 여분의 케이블에 옮기기, 감아코 13(17)19(21)코 만들기

- 시작마커가 빠지지 않도록 주의합니다.

몸통 뜨기

82(86)98(110)단 시작마커 넘기기, 사이즈별 몸판 차트 × 2회 반복

계속해서 시작마커를 중심으로 매 단마다 몸판 차트를 두 번씩 반복하면서 원통뜨기로 쭉 진행합니다. 뒷목 중앙에서부터 쟀을 때 42(43)45(47)cm, 혹은 원하는 길이의 5cm 전까지 뜹니다. 계속해서 반복적인 무늬로 진행되어 이하 차트는 생략합니다.

- 원작은 짧은 크롭 길이로, 35cm까지 뜬 후 고무단 작업을 했습니다.

3.5mm 바늘로 교체합니다.
(겉 꼬아뜨기1, 안뜨기1)을 끝까지 반복하며 총 16단, 혹은 5cm 길이까지 뜨고 1코 고무단 돗바늘 마무리합니다.

- 옷 길이를 원작보다 길게 작업할 시 3mm 바늘로 고무단을 작업하길 권합니다.

소매 뜨기

별실에 옮겨둔 98(102)114(126)코를 4mm 바늘에 옮겨줍니다.
새 실을 가져와 암홀 감아코를 만들어준 부분 중앙부터 7(9)10(11)코를 주워줍니다.

소매 차트 81(85)97(109)단을 보며 98(102)114(126)코를 뜬 후 암홀 6(8)9(10)코를 마저 줍고, 시작마커를 걸어줍니다.

- 양쪽 멍석무늬 콧수를 동일하게 맞추기 위해 첫 코를 줄이고 시작합니다.

이어서 소매 차트를 보며 원통뜨기로 끝까지 작업합니다.

3.5mm 바늘로 교체합니다.
(겉 꼬아뜨기1, 안뜨기1)을 끝까지 반복하며 총 8단을 뜨고 1코 고무단 돗바늘 마무리합니다.

목둘레 뜨기

목 부분 뒤판의 겉면을 바라보고 뒷목의 오른쪽 끝부분부터 코를 주워줍니다.
2.75mm 바늘로 174코를 주워줍니다.
• 콧수는 정확히 맞지 않아도 되지만, 꼭 짝수 코로 맞춰주세요.
시작마커를 걸고 원통뜨기로 겉뜨기 4단을 뜨고 웰트스티치 작업 후 고무단에 들어갑니다. *15쪽 영상 참고

(겉 꼬아뜨기1, 안뜨기1)을 끝까지 반복하며 총 8단을 뜨고 1코 고무단 돗바늘 마무리합니다.

무늬 게이지용 참고용 차트

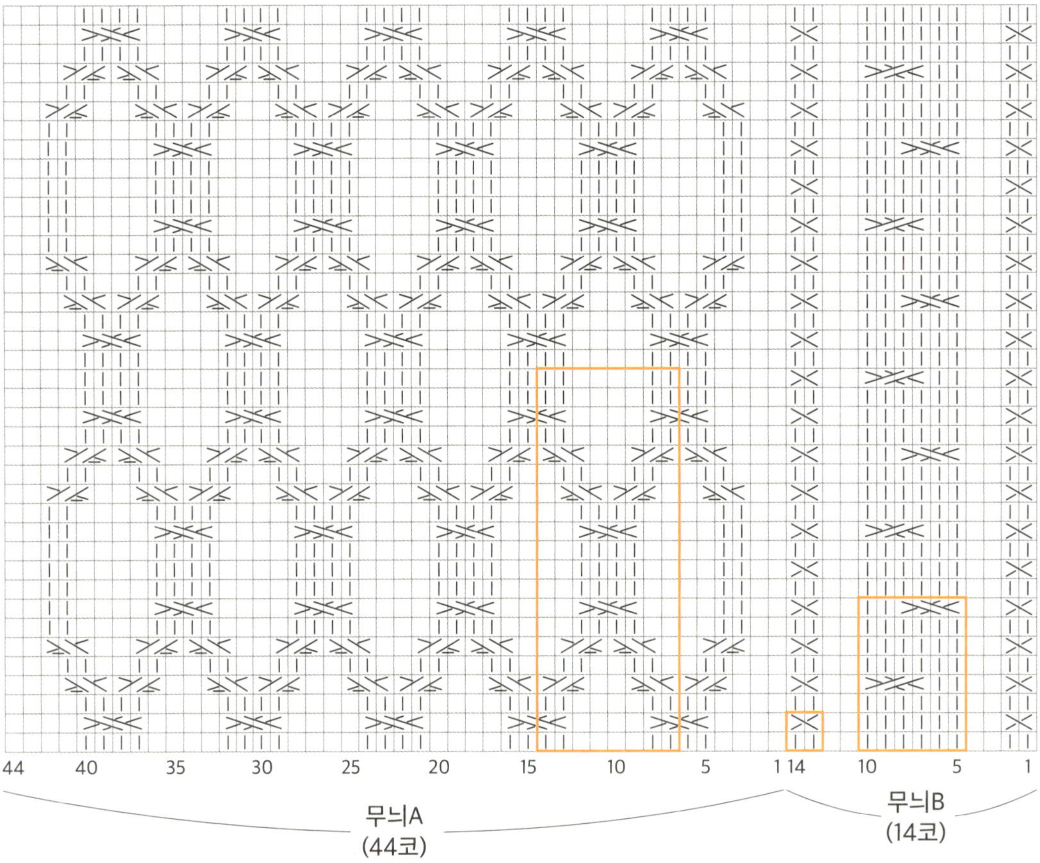

무늬A (44코)

무늬B (14코)

	겉뜨기
— =	안뜨기
+	감아코
L	M1L
LP	M1LP
R	M1R
RP	M1RP

	오른코 위 2코 교차뜨기
	왼코 위 2코 교차뜨기
	오른코 위 2코 교차뜨기(왼코 1코 안뜨기)
	왼코 위 2코 교차뜨기(오른코 1코 안뜨기)
	오른코 위 교차뜨기
	반복 무늬 표시

목파임 상단 차트 전 사이즈 동일

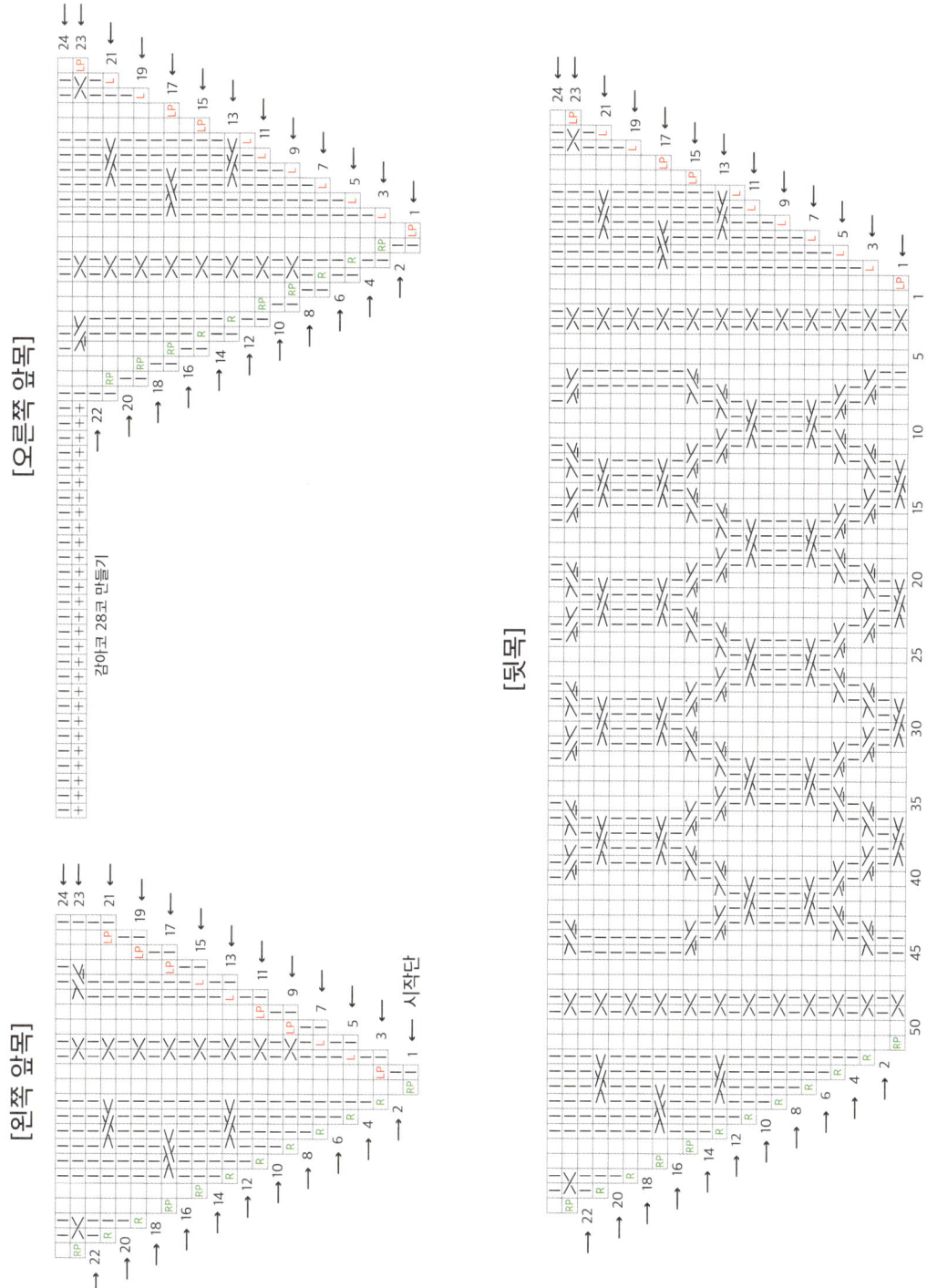

1사이즈 몸판 차트

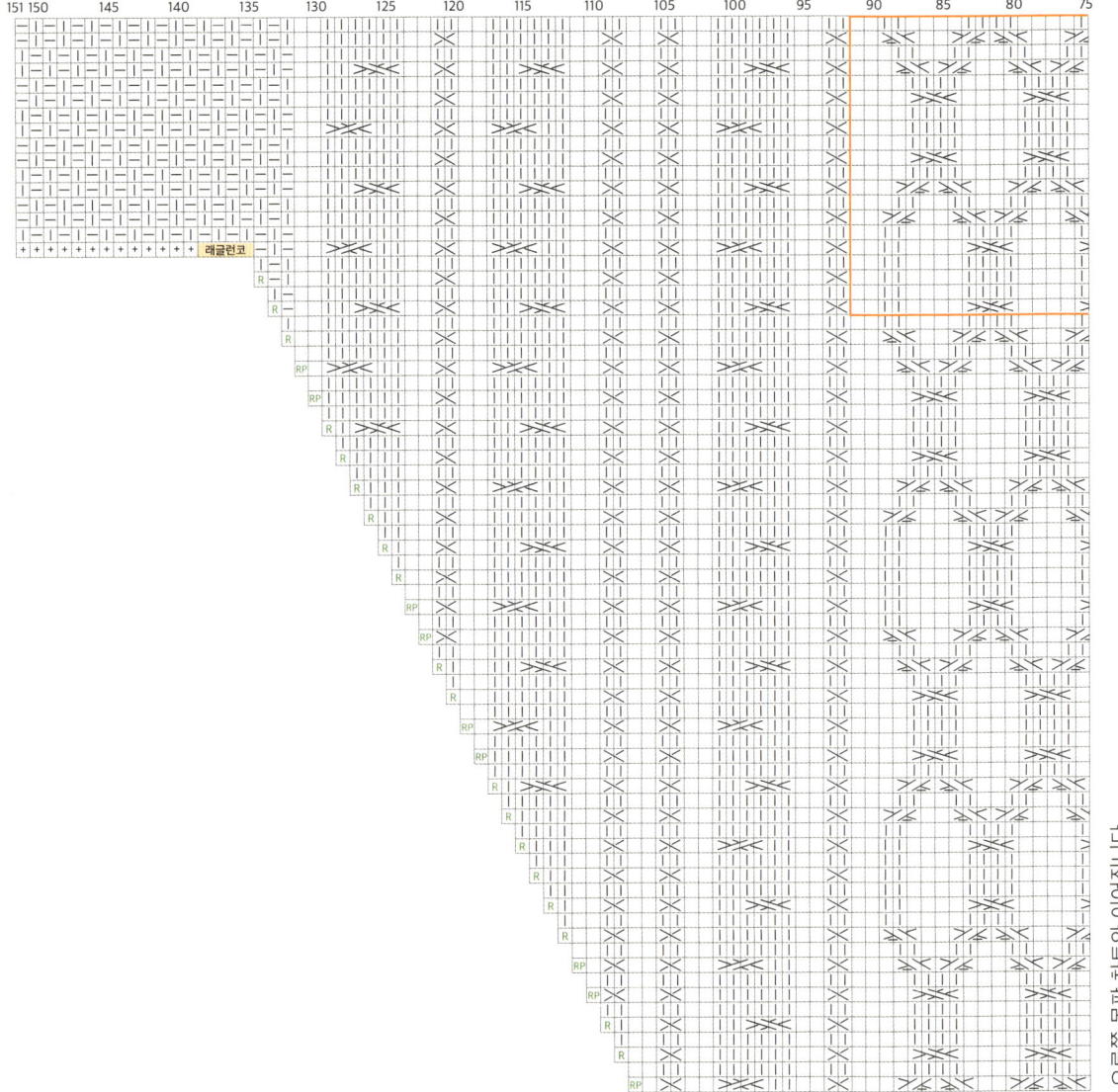

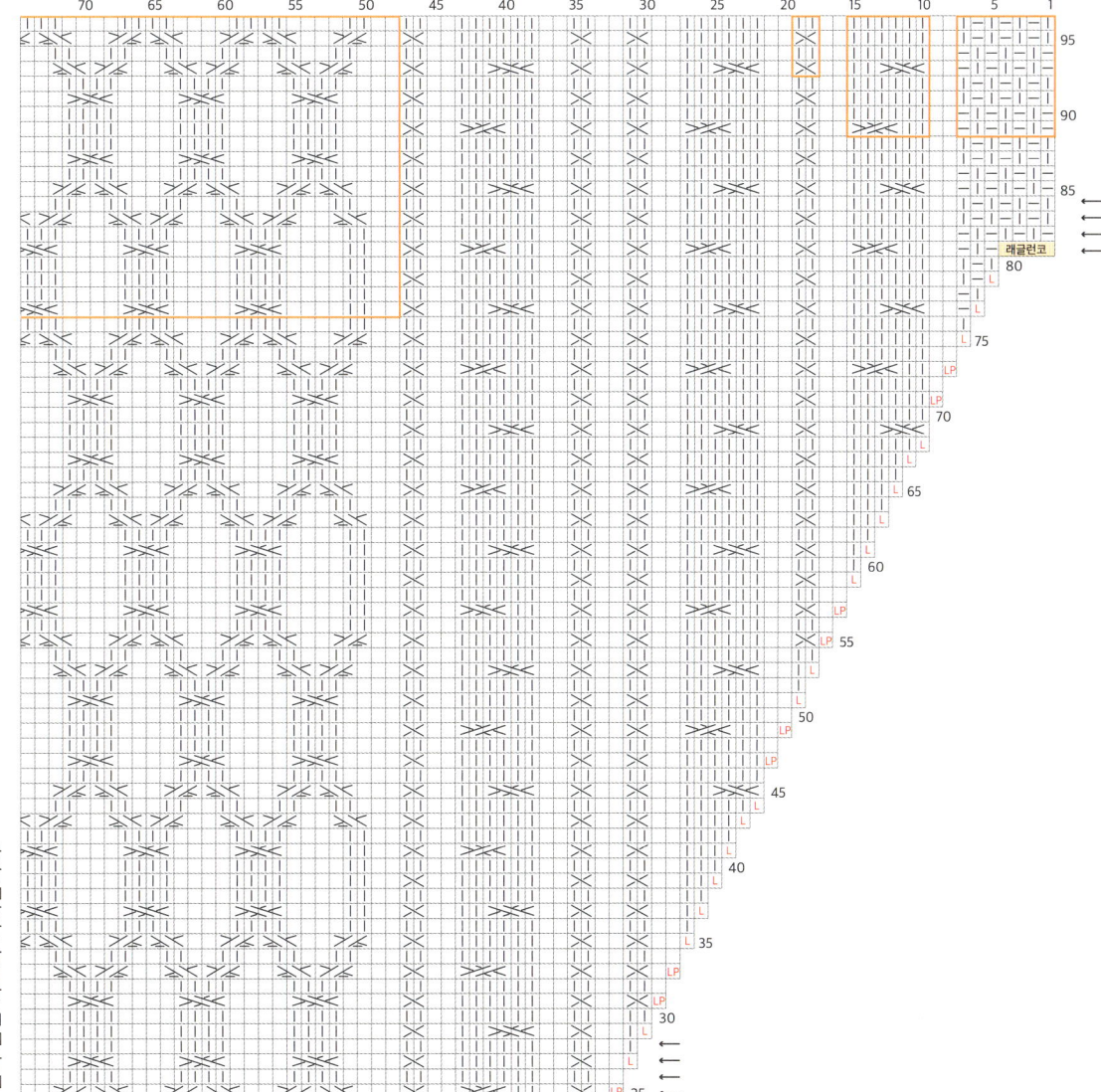

1사이즈 소매 차트

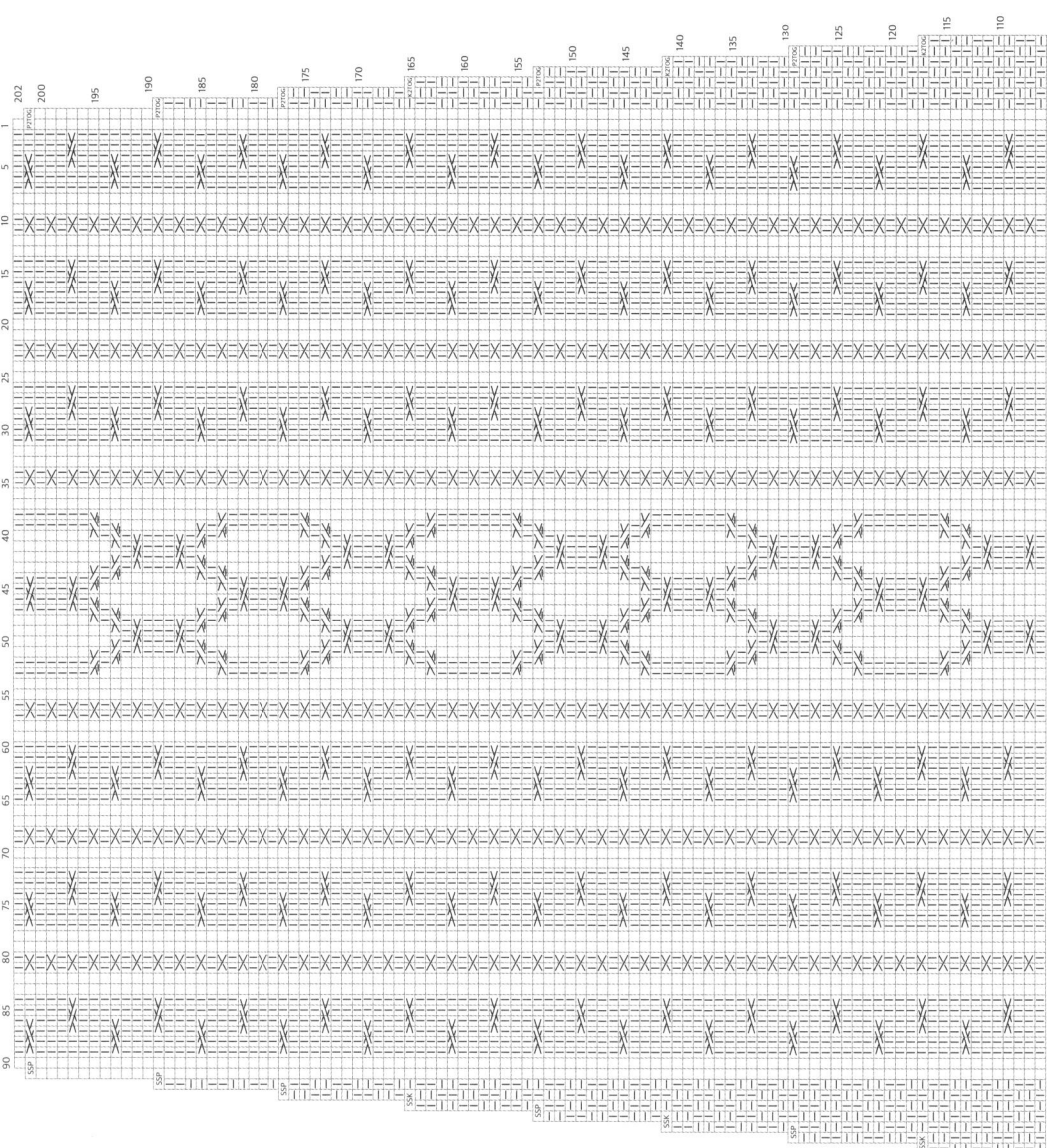

오른쪽 소매 차트와 이어집니다.

왼쪽 소매 차트와 이어집니다.

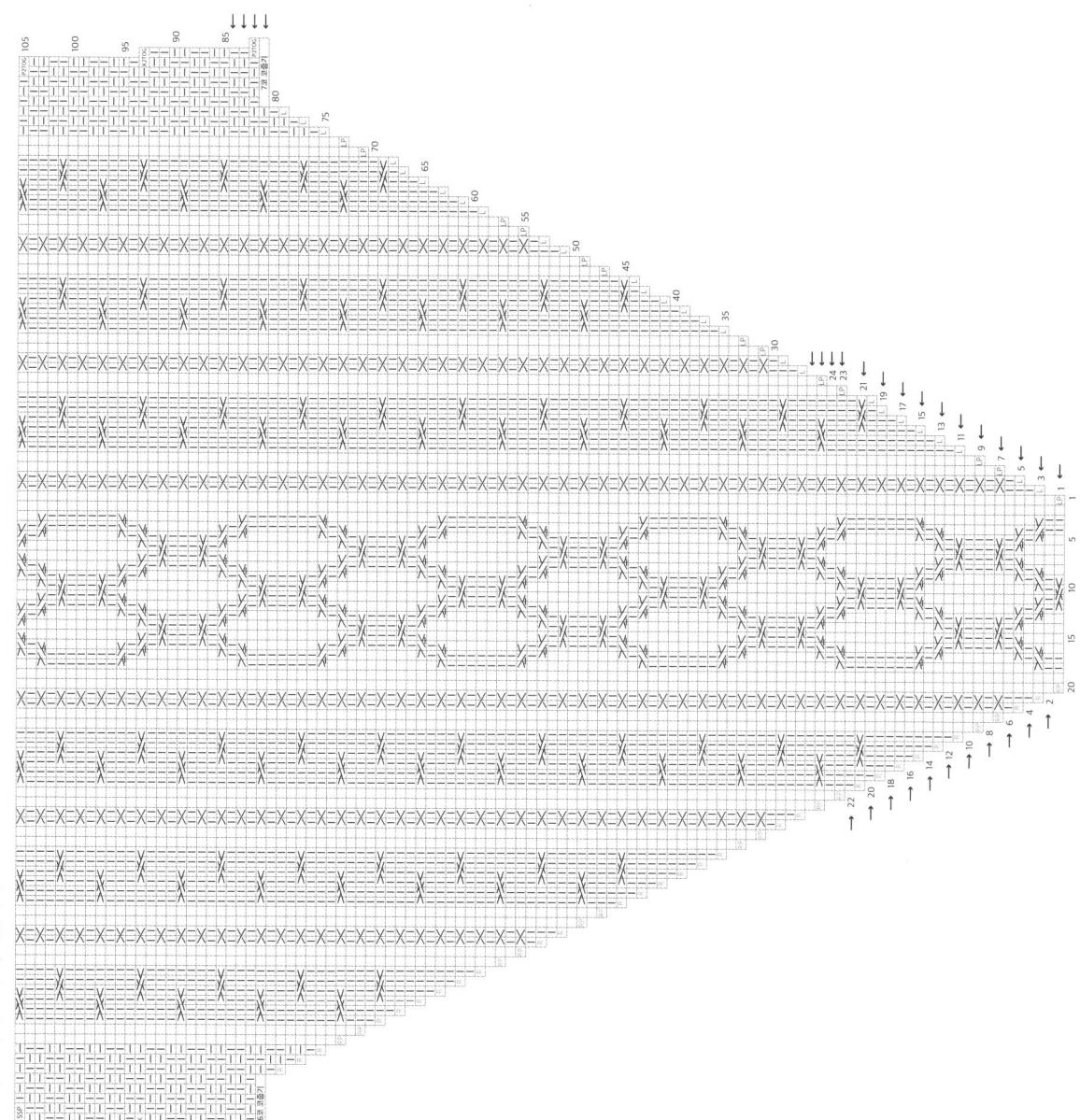

2사이즈 몸판 차트

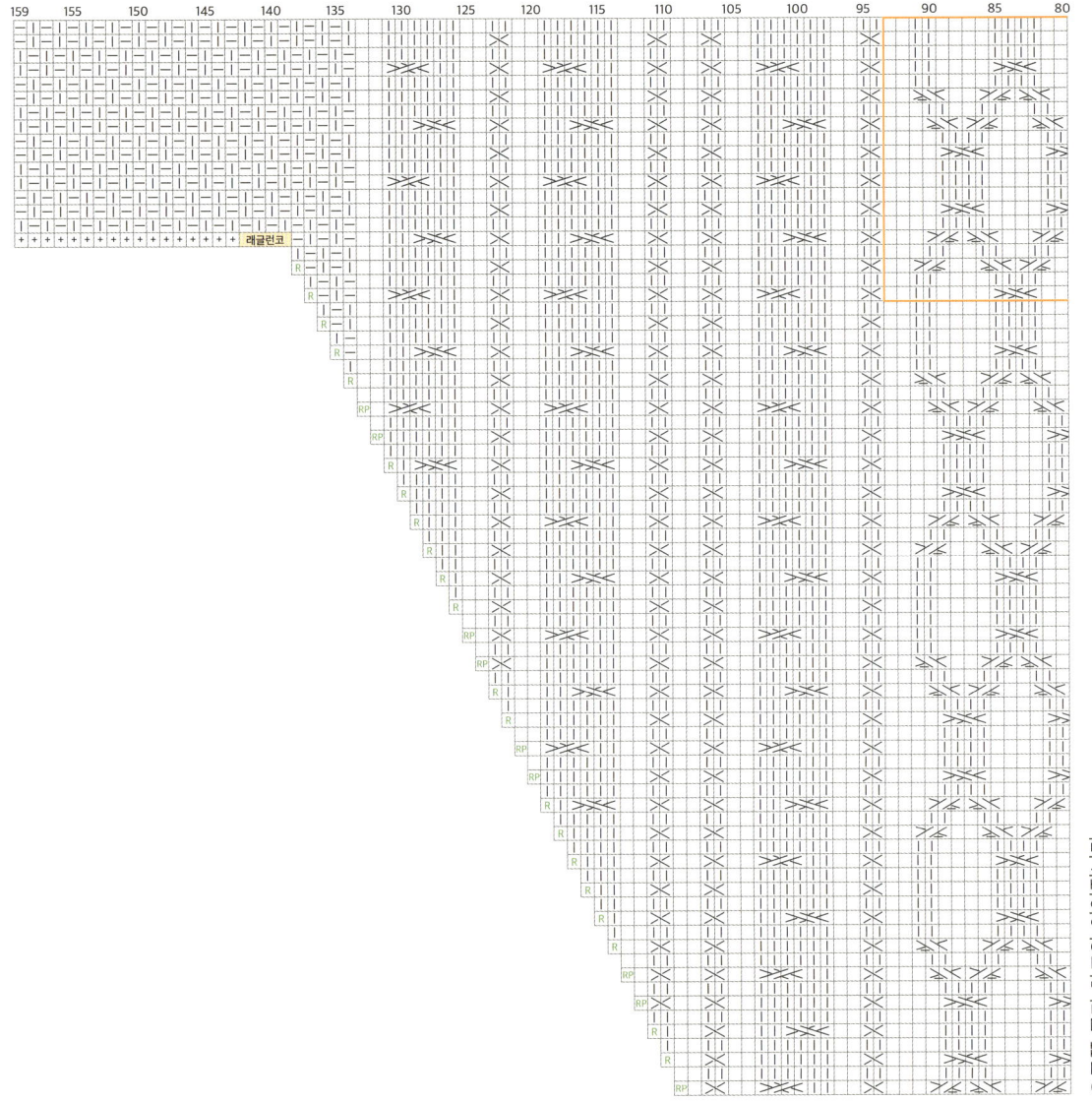

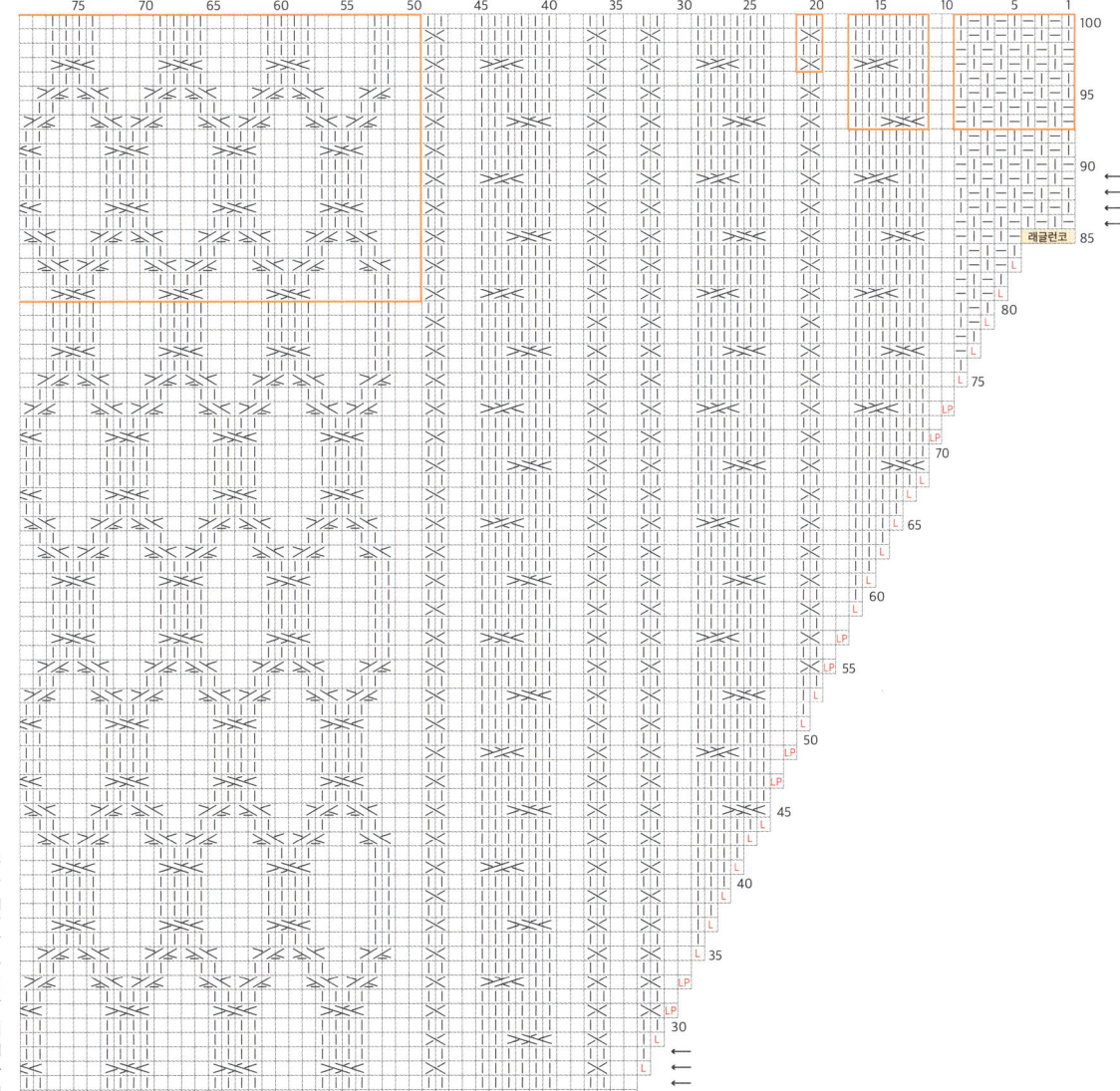

2사이즈 소매 차트

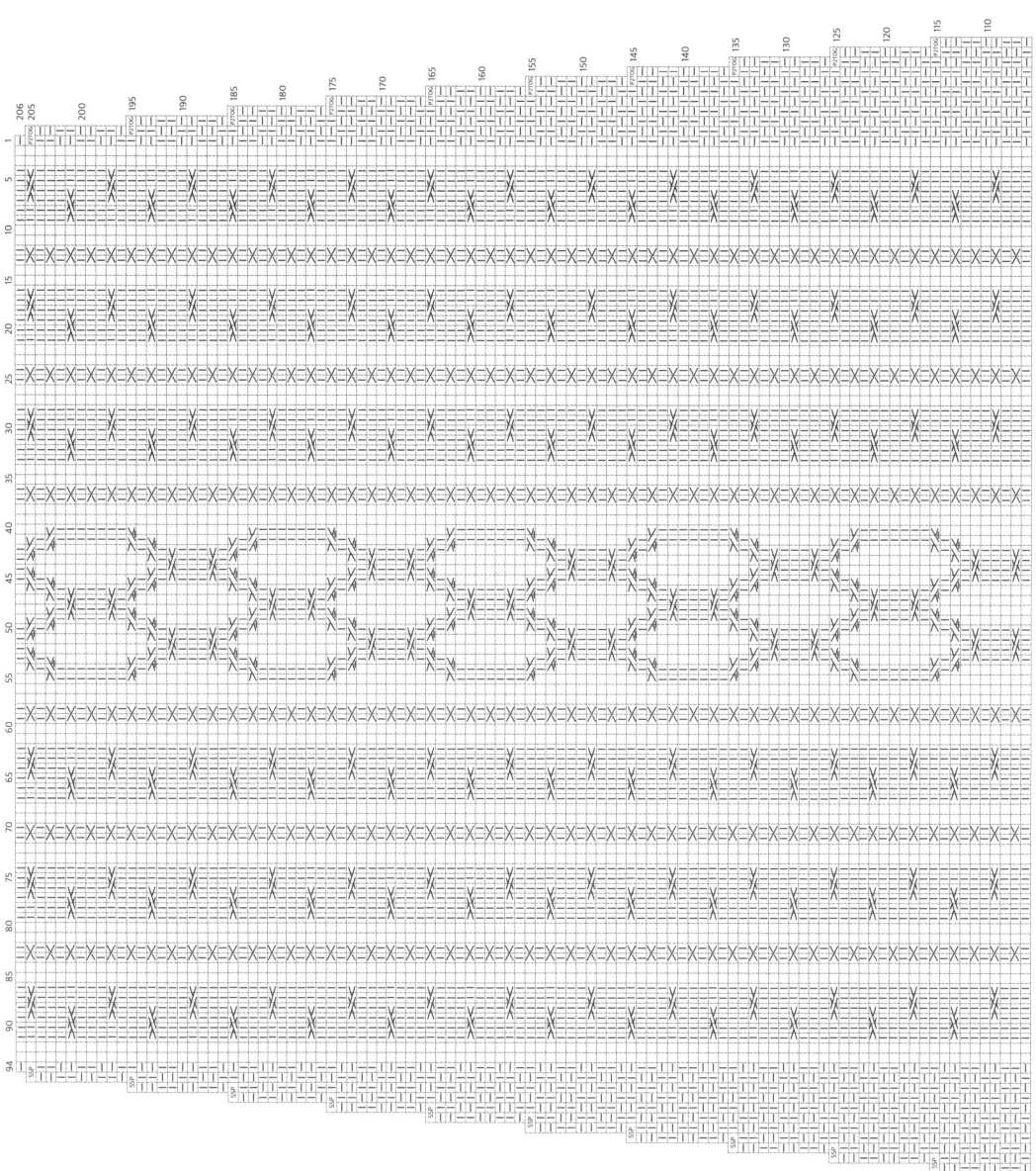

오른쪽 소매 차트와 이어집니다.

왼쪽 소매 차트와 이어집니다.

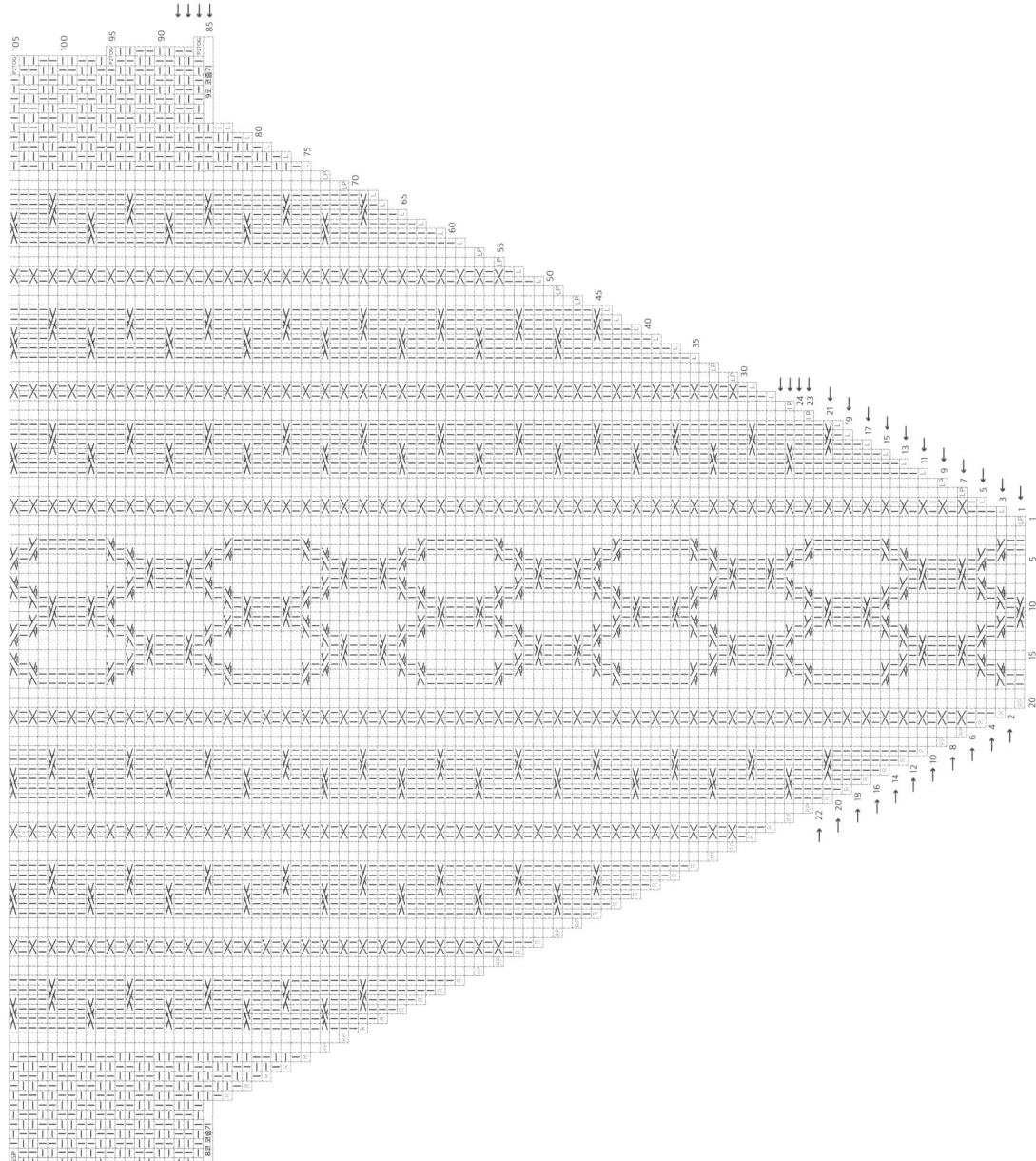

3사이즈 몸판 차트

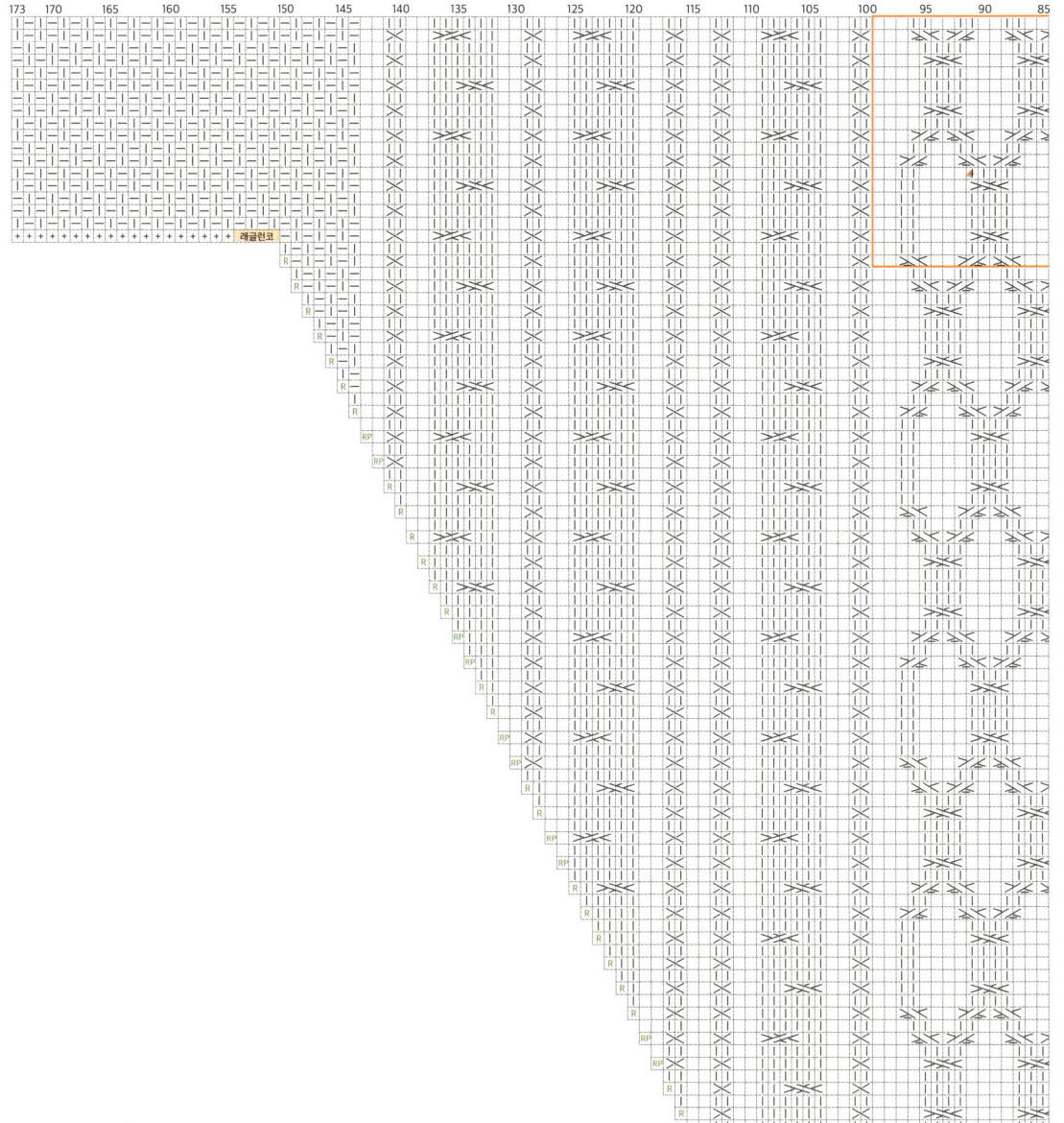

왼쪽 몸판 차트와 이어집니다.

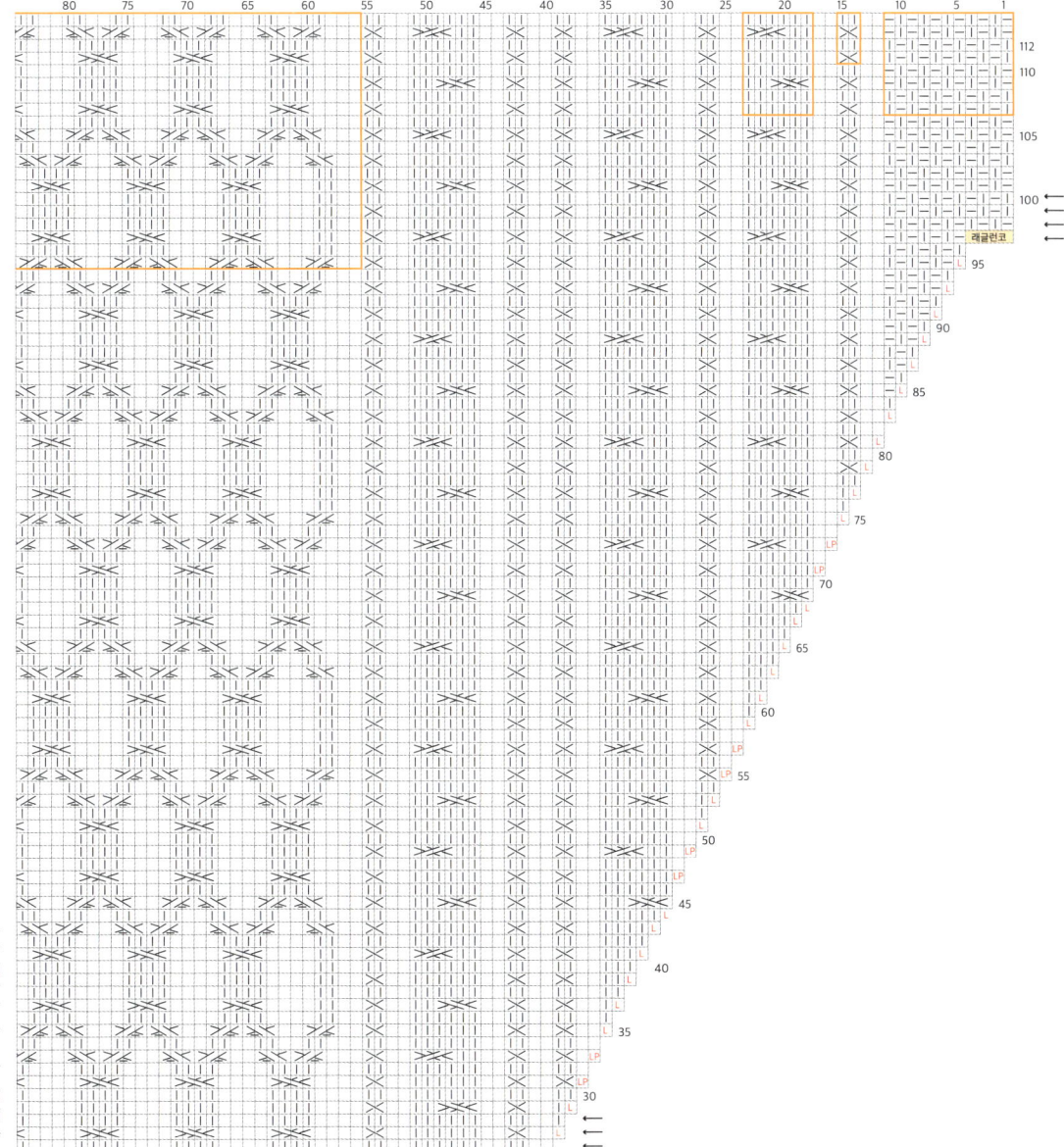

3사이즈 소매 차트

왼쪽 소매 차트와 이어집니다.

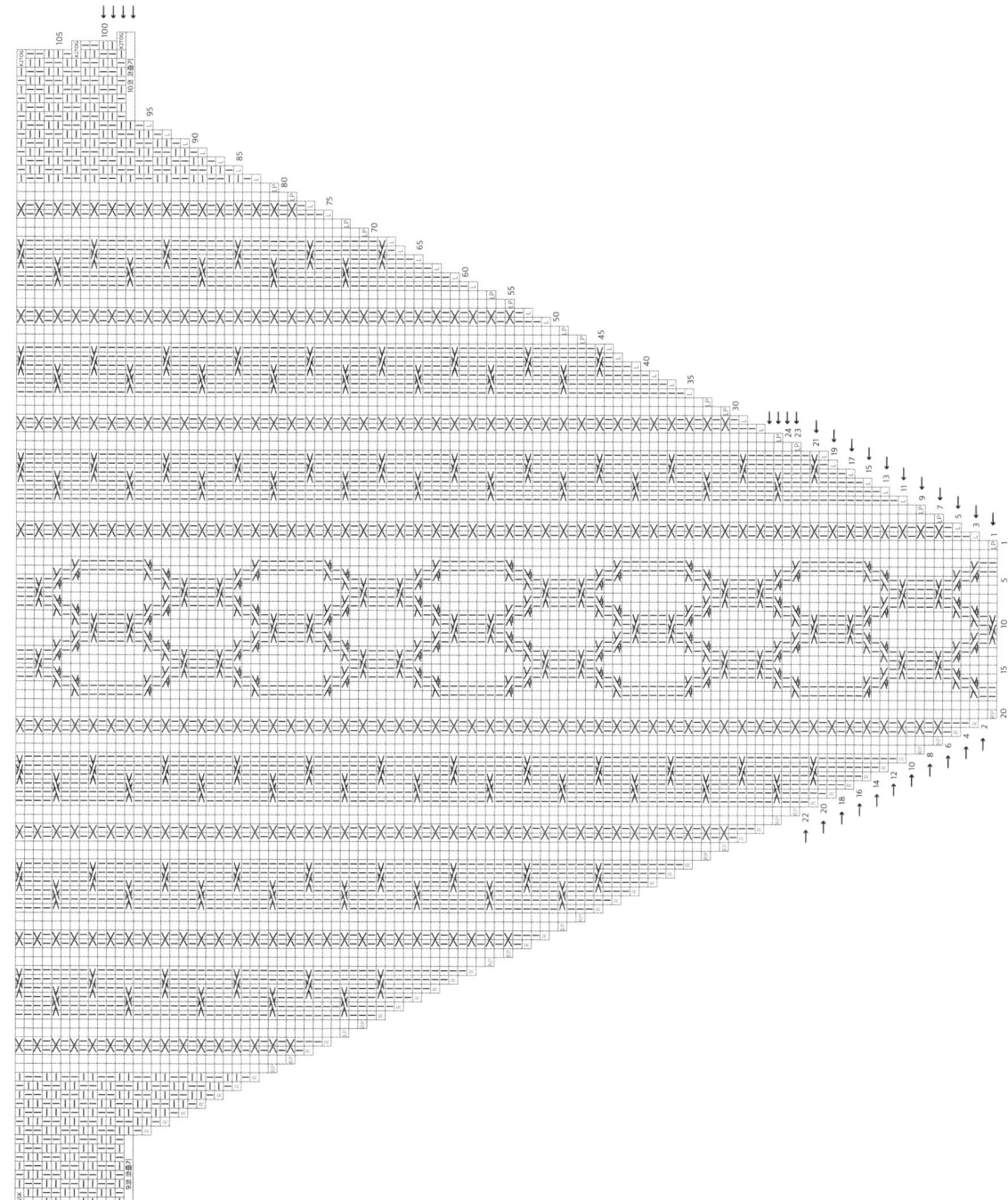

4사이즈 몸판 차트

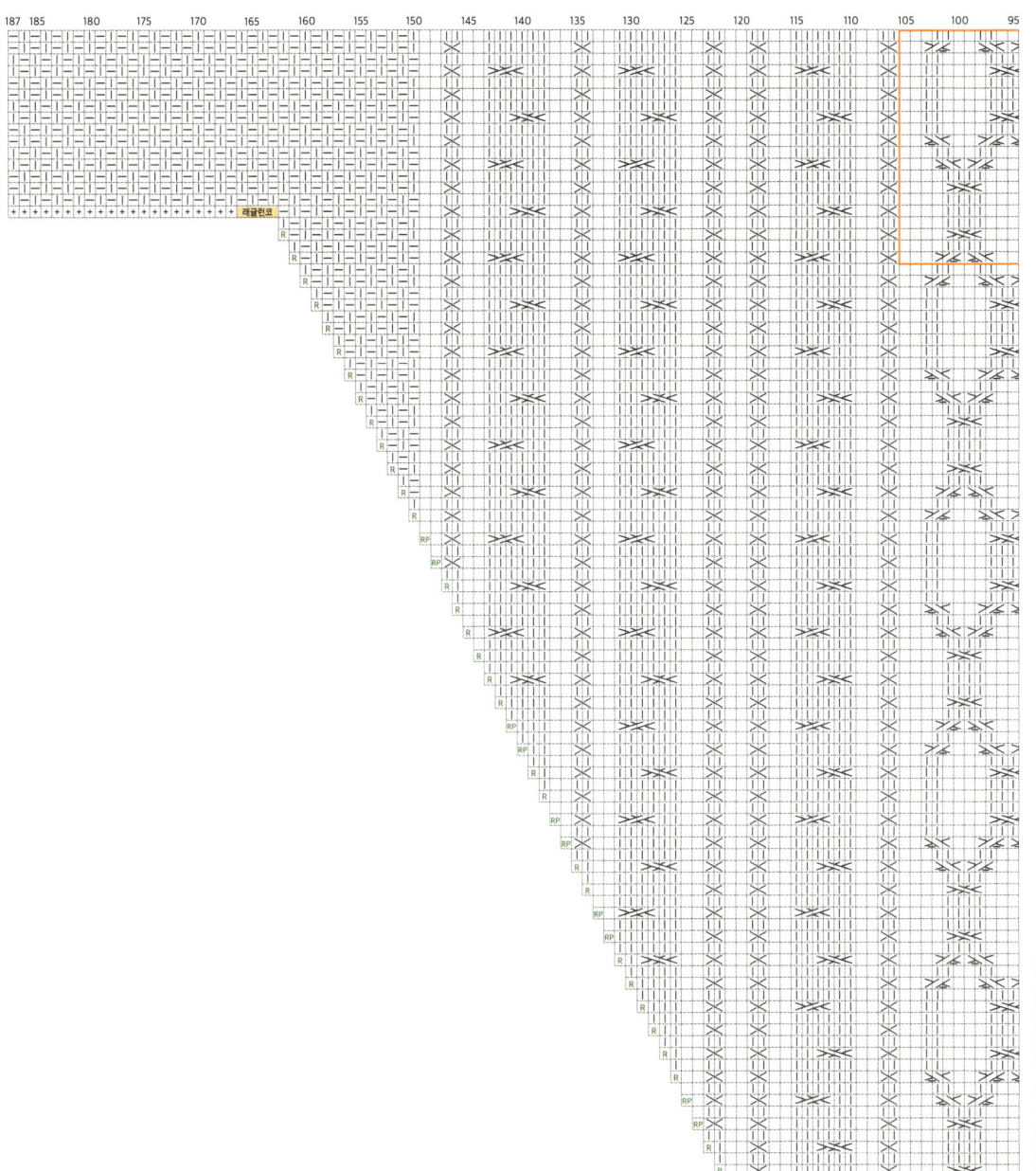

오른쪽 몸판 차트와 이어집니다.

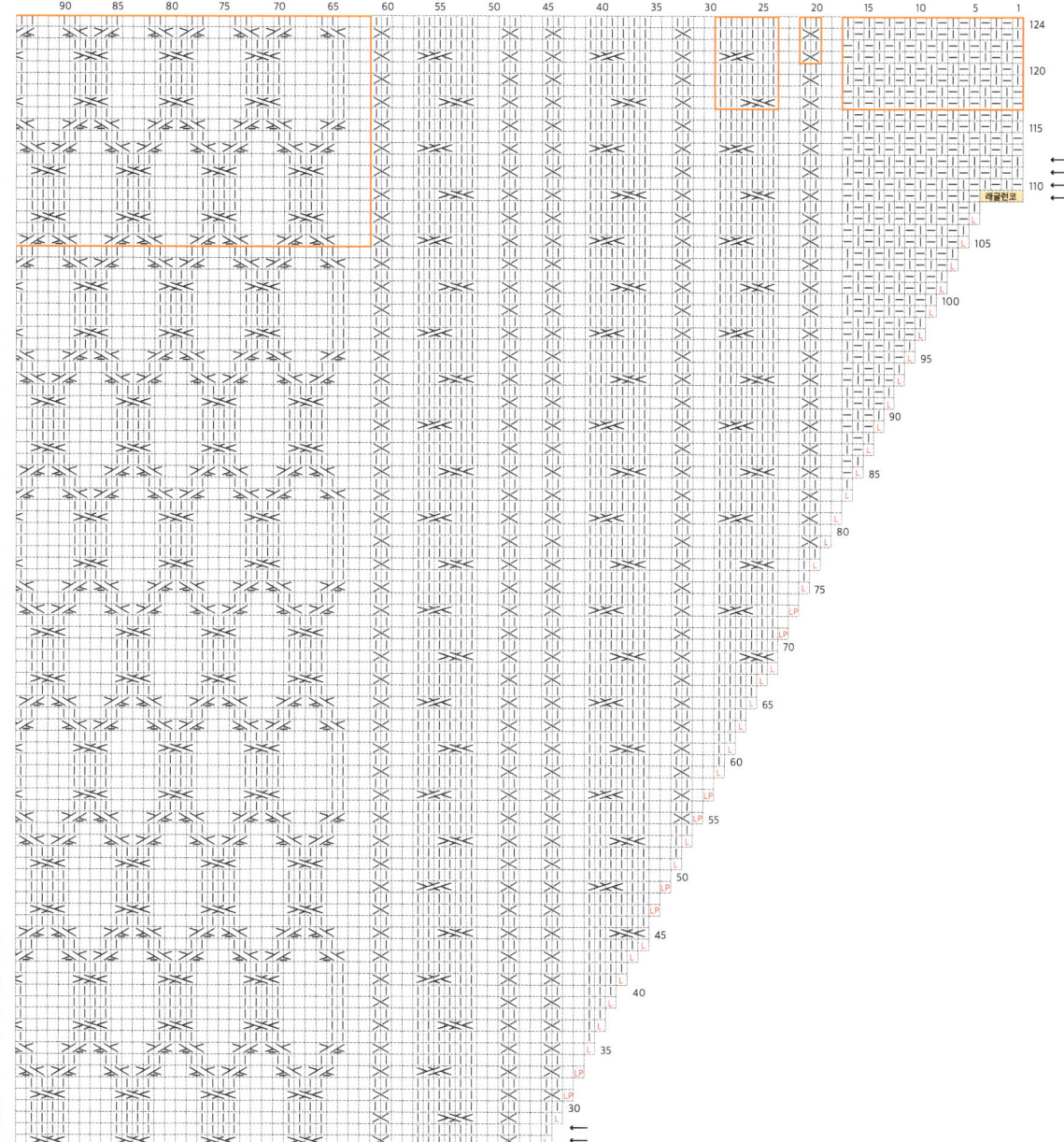

왼쪽 몸판 차트와 이어집니다.

4사이즈 소매 차트

왼쪽 소매 차트와 이어집니다.

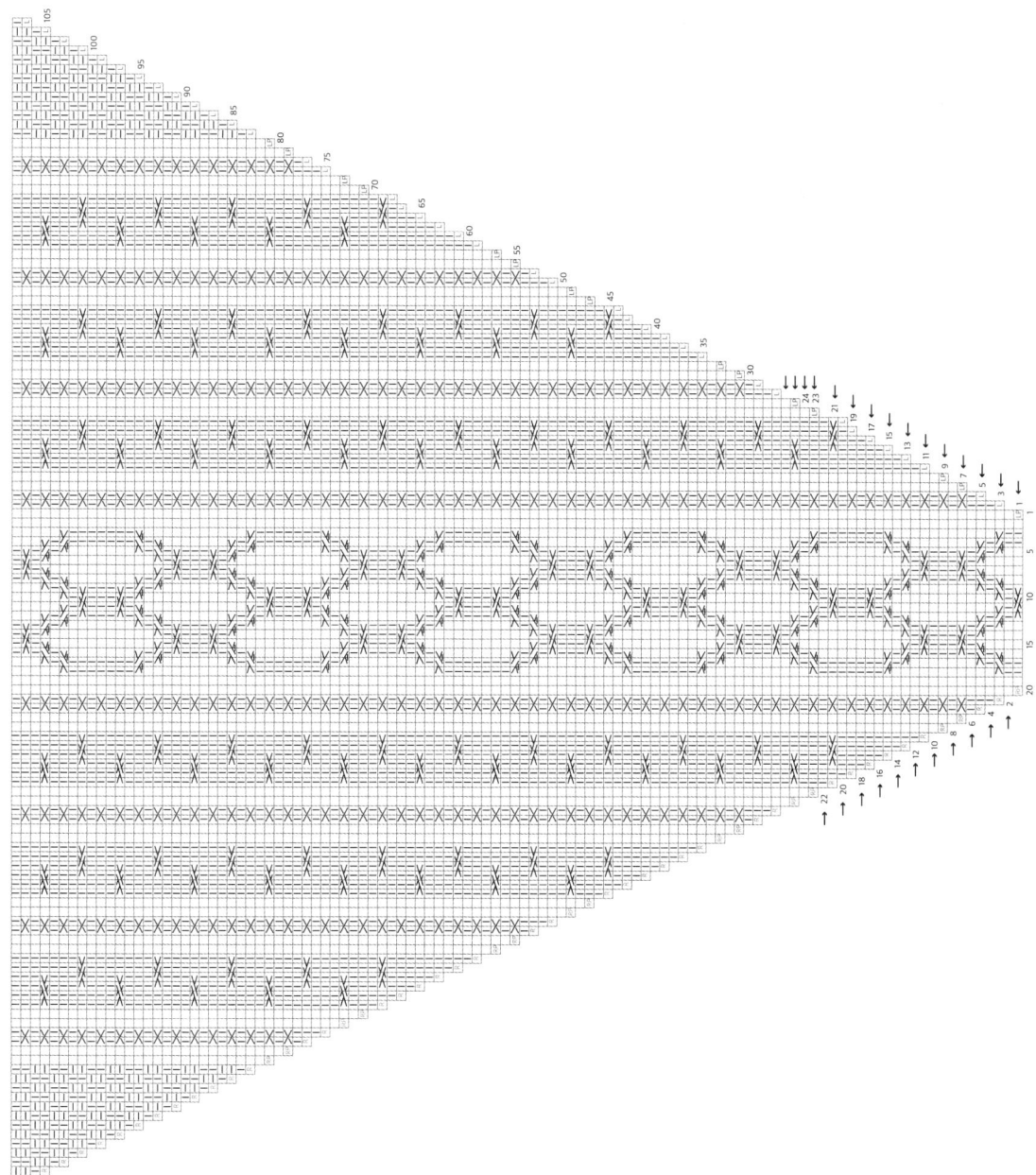

Fluffy Cardigan

몽글이 카디건

참고사항 & 영상

몽글이 카디건은 이름 그대로 부드럽고 몽글몽글한 느낌의 하이넥 카디건입니다.
굵은 실과 굵은 바늘을 사용해 짧은 시간 안에 완성할 수 있으며,
탑다운 방식으로 위에서부터 떠 내려가는 동안 옷의 형태가 점점 드러나는 과정을
직접 눈으로 확인할 수 있어 뜨는 재미가 있습니다. 단추를 끝까지 잠그면 하이넥이 되어 단정하고,
한두 개 풀면 자연스러운 칼라 넥으로 변신해 다양한 스타일링이 가능합니다.
또한 안쪽 꼬리실을 깔끔하게 정리하면 리버서블(양면) 디자인으로 활용할 수 있습니다.
리버서블 마무리 팁과 착용 예시는 QR 영상에서 확인해주세요.

사이즈(cm) & 실 소요량(볼)

사이즈	1	2	3 ★	4	5
가슴둘레	100	106	110	115	120
기장	49	49	49	52	55
소매길이	60	60	60	60	60
소매둘레	42	43	45	45	46
실 소요량	6	6	6	7	7

게이지 8mm 12코 18단
바늘 8mm(메인), 7mm(고무단+버튼밴드) / 케이블 40+80cm
실 '낙양모사' 구르미-201 아이보리
단추 지름 23mm 6개
사용기법 겉뜨기, 안뜨기, M1L, M1R, K2TBL, SSK, TURN, K2TOG, P2TOG

**넥 라인 만들기
+
래글런 늘리기**

코 잡기 8mm 대바늘에 34(34)34(40)40코 일반 코 잡기

셋업단을 진행하며 '/' 표시마다 마커를 걸어줍니다.

셋업단 안1(앞판) / 안1(래글런) / 안6(6)6(8)8(소매) / 안1(래글런) / 안16(16)16(18)18(뒤판) / 안1(래글런) / 안6(6)6(8)8(소매) / 안1(래글런) / 안1(앞판)

'/' 표시마다 마커를 넘기며 앞목 파임을 진행합니다.

1단(겉면) 겉1, M1R / 겉1 / M1L, 마커 전까지 겉뜨기, M1R / 겉1 / M1L, 마커 전까지 겉뜨기, M1R / 겉1 / M1L, 마커 전까지 겉뜨기, M1R / 겉1 / M1L, 겉1
2단(안면) 끝까지 안뜨기
3단(겉면) 겉1, M1L, 마커 전까지 겉뜨기, M1R / 겉1 / M1L, 마커 전까지 겉뜨기, M1R / 겉1 / M1L, 마커 전까지 겉뜨기, M1R / 겉1 / M1L, 마지막 1코 전까지 겉뜨기, M1R, 겉1
4단(안면) 끝까지 안뜨기

3-4단을 총 4번 반복합니다. 한 번 떴으니 3번 더 반복합니다.

▶ 바늘에 걸린 코 = 10(앞판) / 1(래글런) / 16(16)16(18)18(소매) / 1(래글런) / 26(26)26(28)28코(뒤판) / 1(래글런) / 16(16)16(18)18(소매) / 1(래글런) / 10(앞판)

여기까지 앞목 파임을 만든 상태입니다.
감아코로 나머지 앞목을 마저 만든 후 계속해서 래글런 늘림을 진행합니다.

1단(겉면) 왼쪽 바늘에 감아코 3(3)3(4)4코 만들기, 만들어준 감아코부터 마커 전까지 겉뜨기, M1R / 겉1 / M1L, 마커 전까지 겉뜨기, M1R / 겉1 / M1L, 마커 전까지 겉뜨기, M1R / 겉1 / M1L, 마커 전까지 겉뜨기, M1R / 겉1 / M1L, 끝까지 겉뜨기, 감아코 3(3)3(4)4코 만들기
2단(안면) 끝까지 안뜨기
3단(겉면) 마커 전까지 겉뜨기, M1R / 겉1 / M1L, 마커 전까지 겉뜨기, M1R / 겉1 / M1L, 마커 전까지 겉뜨기, M1R / 겉1 / M1L, 마커 전까지 겉뜨기, M1R / 겉1 / M1L, 끝까지 겉뜨기
4단(안면) 끝까지 안뜨기

3-4단을 총 13(15)16(16)17번 반복합니다.

▶ 바늘에 걸린 코 = 27(29)30(31)32(앞판) / 1(래글런) / 44(48)50(52)54(소매) / 1(래글런) / 54(58)60(62)64(뒤판) / 1(래글런) / 44(48)50(52)54(소매) / 1(래글런) / 27(29)30(31)32(앞판)

소매 분리하기 + 몸통 뜨기

이제 몸판과 소매를 분리할 차례입니다.

• 리버서블 디자인으로 뜨고 싶다면 감아코를 만들 차례에서 시접 없는 보이지 않는 감아코를 만듭니다. ＊오른쪽 영상 참고

보이지 않는 코 잡기

1단(겉면) 마커 전까지 겉뜨기, 마커 제거, 겉1, 마커 제거, 별실이나 여분의 케이블에 소매 44(48)50(52)54코 옮기기, 감아코4(4)4(6)6코 만들기, 마커 제거, 겉1, 마커 제거, 마커 전까지 겉뜨기, 마커 제거, 겉1, 마커 제거, 별실이나 여분의 케이블에 소매 44(48)50(52)54코 옮기기, 감아코4(4)4(6)6코 만들기, 마커 제거, 겉1, 마커 제거, 끝까지 겉뜨기

2단(안면) 끝까지 안뜨기

소매 분리가 끝났습니다.

▶ 바늘에 걸린 코 = 120(128)132(140)144코

계속해서 메리야스뜨기를 평면으로 작업하며 감아코 부분 아래로 23(21)20(23)24cm, 혹은 원하는 길이가 될 때까지 뜹니다. 다 뜨면 겉면을 뜰 차례에서 7mm 바늘로 교체해 고무단을 뜹니다.

1단(겉면) 겉1, (겉1, 안1) × 마지막 2코 남을 때까지 반복, 겉2
• 양쪽 코가 겉뜨기 2코로 끝날 수 있도록 중간에 임의로 1코를 줄여줍니다.
2단(안면) 안1, (안1, 겉1) × 마지막 2코 남을 때까지 반복, 안2

1-2단을 총 8단까지 뜬 후 1코 고무단 돗바늘 마무리로 코막음하여 마무리합니다.

소매 뜨기

별실에 옮겨둔 소매 코를 다시 8mm 바늘에 끼웁니다.
감아코를 만든 부분에서 2(2)2(3)3코를 줍고 시작마커를 걸어줍니다. 나머지 2(2)2(3)3코를 주운 후 원통뜨기로 소매를 작업합니다. 소매의 총 콧수는 48(52)54(58)60코입니다.

소매는 줄임 없이 일자로 쭉 뜬 후 고무단 전에 코를 한 번에 줄여 벌룬소매를 만듭니다. 메리야스 원통뜨기(모두 겉뜨기)로 암홀부터 쟀을 때 37(35)34(34)33cm, 혹은 입어보며 원하는 길이까지 뜹니다.

원하는 길이까지 뜨면 소매 코 모두 2코 모아뜨기(K2TOG)로 코를 줄입니다.
• 3, 4사이즈는 1코가 남습니다. 그냥 겉뜨기로 뜨고 아래 고무단을 뜨면서 마지막 2코는 모아안뜨기(P2TOG)로 떠서 짝수 코로 맞춰줍니다.

▶ 바늘에 걸린 코 = 24(26)27(29)30코

7mm 바늘로 교체합니다.
1코 고무뜨기(겉1, 안1)을 끝까지 반복하며 8단을 뜬 후 1코 고무단 돗바늘 마무리로 코막음하여 마무리합니다.

목둘레 뜨기

7mm 바늘로 목둘레 코를 61(61)61(67)67코 줍습니다.
• 목둘레 콧수는 정확하지 않아도 되며 홀수 코로 맞춰줍니다.
• 리버서블 디자인의 완성도를 높이고 싶다면 오른쪽 영상을 참고하여 코를 주워 시접을 감춰도 좋습니다. *오른쪽 영상 참고

목둘레 시접 감추기

1단(안면) 안2, (겉1, 안1) × 마지막 1코 남을 때까지 반복, 안1
2단(겉면) 겉2, (안1, 겉1) × 마지막 1코 남을 때까지 반복, 겉1

1-2단을 총 19단, 혹은 원하는 길이가 될 때까지 반복한 후 겉면을 뜰 차례에서 1코 고무단 돗바늘 마무리로 코막음하여 마무리합니다.

버튼밴드 뜨기

(입었을 때) 오른쪽 버튼밴드

겉면에서 새 실을 걸고 밑단 → 목 방향으로 앞섶에 있는 코를 주워줍니다. 7mm 바늘로 7코 줍고 1코 건너뛰고를 반복하며 코를 줍습니다.
• 각자 길이를 조절해서 뜨기 때문에 정확한 콧수를 기재하기 어렵습니다. 주운 콧수를 기억해 반대쪽 앞섶에서도 같은 개수로 주워줍니다.

실을 자르고 단춧구멍을 표시합니다.

다시 밑단 쪽 바늘에 새 실을 걸고 안뜨기로 시작하는 흔들코를 5코 잡아줍니다.
편물을 뒤집어 더블니팅을 진행합니다. *오른쪽 영상 참고

버튼밴드

겉면 (겉1, 걸쳐안뜨기1) × 2회, 마지막 코는 몸판의 코와 함께 K2TBL
안면 (걸쳐안뜨기1, 겉1) × 2회, 걸쳐안뜨기1

위 작업을 반복하면서 단춧구멍을 만들 위치에 오면 다음과 같이 작업하며 구멍을 만들어줍니다. *오른쪽 상단 영상 참고

1단 겉1, 걸쳐안뜨기1, 겉1, TURN
2단 걸쳐안뜨기1, 겉1, 걸쳐안뜨기1
3단 겉1, 걸쳐안뜨기1, 겉1, 바늘비우기, 걸쳐안뜨기1, K2TBL
4단 걸쳐안뜨기1, 겉뜨기 코와 바늘비우기 코 SSK, 왼쪽 바늘을 앞쪽에서 뒤쪽으로 두 바늘 사이를 가로지르는 가닥을 건져올려 새로운 코 만들기, TURN
5단 걸쳐안뜨기1, K2TBL
6단 걸쳐안뜨기1, 겉뜨기 코와 건져올린 코 SSK, 걸쳐안뜨기1, 겉1, 걸쳐안뜨기1

마지막 단은 돗바늘로 마무리합니다.

(입었을 때) 왼쪽 버튼밴드

겉면에서 새 실을 걸고 목 → 밑단 방향으로 앞섶에 있는 코를 주워줍니다.
7mm 바늘로 7코 줍고 1코 건너뛰고를 반복하며 코를 줍습니다.
실을 끊고 다음과 같이 작업합니다.

다시 목 부분으로 돌아가 바늘에 새 실을 걸고 안뜨기로 시작하는 흔들코를 5코 잡습니다.
편물을 뒤집어 더블니팅을 진행합니다.

겉면 (겉1, 걸쳐안뜨기1) × 2회, 마지막 코는 몸판의 코와 함께 K2TBL
안면 (걸쳐안뜨기1, 겉1) × 2회, 걸쳐안뜨기1

위 작업을 끝까지 반복하고 마지막 단은 돗바늘로 마무리합니다.
단춧구멍 간격에 맞춰 단추를 달아줍니다.

클래식 V넥 베스트

참고사항 & 영상

군더더기 없이 깔끔한 실루엣의 V넥 니트 베스트입니다.
적당한 깊이의 V넥 라인과 단정한 암홀 처리, 허리를 안정감 있게 잡아주는
탄탄한 고무단이 특징입니다. 셔츠나 원피스 위에 레이어드하기 좋아
다양한 스타일링이 가능합니다. 탑다운 방식으로 진행되며
뒤판을 먼저 작업하고 어깨 부분에서 코를 주워 앞판을 작업합니다.
암홀 늘림이 끝나면 앞판, 뒤판을 연결하여 원통뜨기로 진행합니다.

사이즈(cm) & 실 소요량(볼)

사이즈	1★	2	3	4
가슴둘레	95	100	105	110
옷 길이	51	52	55	55
실 소요량	3	3	4	4

게이지 4mm 24코 32단
바늘 4mm(메인), 3mm(몸통 고무단+넥+암홀밴드) / 케이블 60+80cm
실 '낙양모사' 따소코-229 네이비
사용기법 겉뜨기, 안뜨기, M1L, M1R, M1L(안), M1R(안)

뒤판 상단 뜨기

코 잡기 4mm 대바늘에 50(52)52(52)코 일반 코 잡기

셋업단 안뜨기로 1단 뜨기
1단(겉면) 겉3, M1L, 마지막 3코 전까지 겉뜨기, M1R, 겉3
2단(안면) 안3, M1L(안), 마지막 3코 전까지 안뜨기, M1R(안), 안3

1-2단을 총 13(14)14(15)번 반복해 뒤판 어깨 경사를 만들어줍니다.

▶ 바늘에 걸린 코 = 102(108)108(112)코 *52(56)56(60)코 증가

이제 늘림 없이 계속해서 평면뜨기로 작업합니다.

1단(겉면) 끝까지 겉뜨기
2단(안면) 끝까지 안뜨기

1-2단을 총 28(28)25(23)번 반복합니다.
어깨 경사 늘림이 끝난 곳부터 시작해 56(56)50(46)단이 떠진 상태입니다.

뒤판 암홀 늘리기

다음과 같이 암홀 늘림을 진행합니다.

1단(겉면) 겉3, M1L, 마지막 3코 남을 때까지 겉뜨기, M1R, 겉3
2단(안면) 끝까지 안뜨기

1-2단을 총 6(6)9(10)번 반복합니다.

▶ 바늘에 걸린 코 = 114(120)126(132)코

실을 끊고 뒤판 코를 그대로 쉬게 둔 후 앞판을 작업합니다.

앞판 뜨기
+
넥 라인 만들기

(입었을 때) 오른쪽 어깨

뒤판의 겉면을 바라보고 4mm 바늘로 암홀 끝부분 → 목 방향으로 어깨 코 27(29)29(31)코를 주워줍니다.

셋업단 안뜨기로 1단 뜨기
1단(겉면) 끝까지 겉뜨기
2단(안면) 끝까지 안뜨기

1-2단을 총 10번 반복합니다. 셋업단을 포함해 총 21단이 떠진 상태입니다.
이제 다음과 같이 넥 라인 코 늘림을 진행합니다.

1단(겉면) 마지막 1코 전까지 겉뜨기, M1R, 겉1
2단(안면) 끝까지 안뜨기

1-2단을 총 23(24)24(24)번 반복한 후 1단만 한 번 더 뜹니다.
다시 안쪽 면을 뜰 차례에서 실을 끊어줍니다.

▶ 바늘에 걸린 코 = 51(54)54(56)코 *24(25)25(25)코 증가

실을 끊고 코를 그대로 쉬게 둔 후 왼쪽 어깨를 작업합니다.

(입었을 때) 왼쪽 어깨

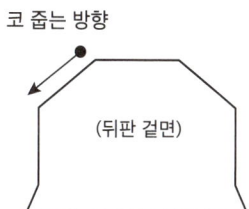

뒤판의 겉면을 바라보고 4mm 바늘로 목 → 암홀 끝 방향으로 어깨 코 27(29)29(31)코를 주워줍니다.

셋업단 안뜨기로 1단 뜨기
1단(겉면) 끝까지 겉뜨기
2단(안면) 끝까지 안뜨기

1-2단을 총 10번 반복합니다. 셋업단을 포함해 총 21단이 떠진 상태입니다.
이제 다음과 같이 넥 라인 코 늘림을 진행합니다.

1단(겉면) 겉1, M1L, 끝까지 겉뜨기
2단(안면) 끝까지 안뜨기

1-2단을 총 24(25)25(25)번 반복합니다.

▶ 바늘에 걸린 코 = 51(54)54(56)코 *24(25)25(25)코 증가

앞판 연결하기 + 암홀 늘리기

위의 단계가 끝난 후 편물을 뒤집지 않은 그대로 오른쪽 어깨 코를 가져옵니다.
안뜨기로 끝까지 작업합니다.
이제 앞판이 모두 하나의 바늘에 연결되었습니다.

▶ 바늘에 걸린 코 = 102(108)108(112)코

1단(겉면) 끝까지 겉뜨기
2단(안면) 끝까지 안뜨기

1-2단을 총 12(12)9(8)번 반복한 후 다음 단계로 넘어갑니다.
넥 라인 늘림이 끝난 후 24(24)18(16)단이 떠진 상태입니다.

이제 앞판 암홀 늘림에 들어갑니다.

1단(겉면) 겉3, M1L, 마지막 3코 남을 때까지 겉뜨기, M1R, 겉3
2단(안면) 끝까지 안뜨기

1-2단을 총 6(6)9(10)번 반복합니다.

▶ 바늘에 걸린 코 = 114(120)126(132)코

앞판 & 뒤판 연결하기 + 몸통 뜨기

암홀 늘림이 끝났습니다.
지금까지 뜬 앞판과 뒤판을 하나의 바늘에 연결하여 원통뜨기로 작업합니다.

먼저 앞판 코를 모두 겉뜨기로 뜹니다.
쉬고 있던 뒤판 코를 가져와 이어서 끝까지 겉뜨기한 후 시작마커를 걸어줍니다.
• 시작마커를 건 곳, 즉 입었을 때 오른쪽 겨드랑이 부분이 원통뜨기의 시작점입니다.

계속해서 겉뜨기로만 뜹니다. 뒷목 중앙부터 밑단 끝자락까지 43(44)47(47)cm, 혹은 입어보고 원하는 길이에서 8cm를 뺀 지점까지 뜹니다.

3mm 바늘로 교체하고 꼬아뜨기 고무단(겉 꼬아뜨기1, 안1)로 끝까지 반복하며 8cm를 뜬 후 돗바늘 코막음하여 마무리합니다.

목둘레 뜨기

목 부분 뒤판의 겉면을 바라보고 뒷목의 오른쪽 끝부분부터 코를 줍습니다.
3mm 바늘로 178(182)182(182)코를 주워줍니다.
• 콧수는 정확히 맞지 않아도 됩니다.

뒷목 코와 앞목에서 코 늘림을 해준 부분에서는 매 코 매 단 줍고, 앞목 늘림 전 평단 부분에서는 3코 줍고 1코 건너뛰며 주워줍니다.

원통으로 이어서 시작마커를 걸어줍니다.
모두 겉뜨기로 12단 뜬 후 덮어씌워 마무리합니다.

V넥의 중심을 바느질로 꿰맨 후 편물을 안쪽으로 접어 돗바늘로 감침질하여 마무리합니다. *오른쪽 영상 참고

넥 라인 감침질

암홀밴드 뜨기

편물의 겉면을 바라보고 3mm 바늘로 겨드랑이 중심에서 시작해 131(135)135(135)코를 주워줍니다.

3코 줍고 1코 건너뛰며 줍습니다.

• 콧수는 정확히 맞지 않아도 됩니다.

시작마커를 걸고 원통뜨기를 진행합니다.
모두 겉뜨기로 12단 뜬 후 덮어씌워 마무리합니다.
편물을 안쪽으로 접어 돗바늘로 감침질하여 마무리합니다.

빈티지 아란 스웨터

참고사항 & 영상

전통적인 케이블 짜임이 촘촘히 얽혀 클래식한 매력이 돋보이는 니트입니다.
탑다운 방식으로 진행되어 사이즈와 기장 조절이 자유로운 것이 특징으로,
상단 부분을 평면뜨기로 시작해 넥 라인을 만든 후 원통뜨기로 이어가며 완성합니다.
오버핏에 기장이 긴 3사이즈로 완성했음에도 비교적 가벼운 실 덕분에
착용감이 무겁지 않으며 편안해서 오랫동안 사랑받고 있는 작품입니다.

사이즈(cm) & 실 소요량(볼)

사이즈	1	2	3★
가슴둘레	100	108	115
길이	50	55	60
실 소요량(블리스)	10	11	12
실 소요량(모락)	5	6	6

게이지 1코 2단 멍석무늬 : 4.5mm 19코 27단
무늬 A : 4.5mm 39코 27단 (10.5×10cm)
무늬 B : 4.5mm 28코 27단 (9.5×10cm)
바늘 4.5mm(메인), 4mm(고무단) / 케이블 40+60+80cm
실 '낙양모사' 블리스-306 아이보리(1합)+모락모헤어-301 화이트(1합)
사용기법 겉뜨기, 안뜨기, 교차뜨기, M1R, M1L, M1RP, M1LP, K2TOG, P2TOG, SSK, SSP

넥 라인 만들기
+
래글런 늘림

코 잡기 4.5mm 대바늘에 93코 일반 코 잡기

셋업단을 진행하며 '/' 표시마다 마커를 걸어줍니다.

셋업단 안1(앞목) / 안5(래글런) / 안16(소매) / 안5(래글런) / 안39(뒷목) / 안5(래글런) / 안16(소매) / 안5(래글런) / 안1(앞목)

'/' 표시마다 마커를 넘기며 목 파임 차트(67쪽)를 참고하여 다음과 같이 진행합니다.
넥 라인이 완성되기 전까지 모두 평면뜨기로 진행합니다.

• 다음의 래글런뜨기 = 왼코 위 1코 교차뜨기, 안1, 왼코 위 1코 교차뜨기
1단(겉면) 왼쪽 앞목 차트 / 래글런뜨기 / 소매 차트 / 래글런뜨기 / 뒷목 차트 / 래글런뜨기 / 소매 차트 / 래글런뜨기 / 오른쪽 앞목 차트
2단(안면) 오른쪽 앞목 차트 / 안2, 겉1, 안2 소매 차트 / 안2, 겉1, 안2 뒷목 차트 / 안2, 겉1, 안2 / 소매 차트 / 안2, 겉1, 안2 / 왼쪽 앞목 차트

1-2단을 13단까지 반복합니다.
13단에서 감아코까지 만든 후 넥 라인을 연결하고 원통뜨기로 진행합니다.
이제부터는 계속해서 겉면만 바라보며 뜹니다.

14단(겉면) 왼쪽 앞목 차트 / 겉2, 안1, 겉2 / 소매 차트 / 겉2, 안1, 겉2 / 뒷목 차트 / 겉2, 안1, 겉2 / 소매 차트 / 겉2, 안1, 겉2 / 오른쪽 앞목 차트

실을 끊어줍니다.
'왼쪽 앞목 코+래글런 5코+왼쪽 소매 코'를 그대로 오른쪽 바늘로 옮기면서 마커도 그대로 함께 옮겨줍니다. • 이제 이 곳이 원통뜨기의 시작점이 됩니다.
시작점에 시작마커를 걸고 새 실을 연결한 후 다음과 같이 진행합니다.

15단(겉면) / 래글런뜨기 / 몸판 차트 / 래글런뜨기 / 소매 차트 / 래글런뜨기 / 몸판 차트 / 래글런뜨기 / 소매 차트

계속해서 차트를 보며 80(84)88단까지 래글런 늘림을 진행합니다.

소매 분리하기

사이즈별 차트 81(85)89단을 참고해 다음과 같이 뜨며 몸통과 소매를 분리합니다.

81(85)89단 시작마커 넘기기, (겉1, 안1) × 2회, 겉1, 마커 제거, 마커 전까지 몸판 차트 대로 뜨기, 마커 제거, (겉1, 안1) × 2회, 겉1, 마커 제거, 소매 96(100)104코 별실이나 여분의 케이블에 옮기기, 마커 제거, 감아코 11(15)17코 만들기, (겉1, 안1) × 2회, 겉1, 마커 제거, 마커 전까지 몸판 차트대로 뜨기, 마커 제거, (겉1, 안1) × 2회, 겉1, 마커 제거, 소매 96(100)104코 별실이나 여분의 케이블에 옮기기, 감아코 11(15)17코 만들기

- 시작마커가 빠지지 않도록 주의합니다.

몸통 뜨기

82(86)90단 시작마커 넘기기, 사이즈별 몸판 차트 × 2회

계속해서 시작마커를 중심으로 매 단마다 몸판 차트를 2번씩 반복하면서 원통뜨기로 진행합니다.
뒷목 중앙에서부터 밑단 끝자락까지 46(51)56cm, 혹은 원하는 길이의 4cm 전까지 뜹니다.

4mm 바늘로 교체합니다.
(겉2, 안2)를 끝까지 반복하며 총 10단을 뜨고 돗바늘로 코막음하여 마무리합니다.

소매 뜨기

별실에 옮겨둔 96(100)104코를 4.5mm 바늘에 옮겨줍니다.
새 실을 가져와 암홀 감아코 만든 부분 중앙부터 6(8)9코를 주워줍니다.

사이즈별 소매 차트 81(85)89단을 보며 96(100)104코를 뜬 후 암홀 5(7)8코를 마저 줍고, 시작마커를 걸어줍니다.

- 양쪽 멍석무늬 콧수를 동일하게 맞추기 위해 첫 코를 줄이고 시작합니다.

이어서 소매 차트를 보며 원통뜨기로 184단까지 작업합니다.

4mm 바늘로 교체합니다.

[1, 3사이즈]
1단 K2TOG, 겉1, (안2, 겉2) × 마지막 3코 전까지 반복, 안1, SSP
2-10단 (겉2, 안2) × 끝까지 반복

[2사이즈]
1-10단 (겉2, 안2) × 끝까지 반복

목둘레 뜨기

목 부분 뒤판의 겉면을 바라보고 뒷목의 오른쪽 끝부분부터 코를 주워줍니다.
4mm 바늘로 140코를 주워줍니다.
- 콧수는 정확히 맞지 않아도 되지만, 꼭 전체 콧수가 4의 배수가 되도록 주워주세요.
- 3사이즈처럼 긴 길이로 작업 시 옷 무게로 인한 처짐 때문에 입었을 때 목둘레가 늘어날 수 있습니다. 따라서 목둘레 코는 3.5mm 바늘로 줍길 권장합니다.

시작마커를 걸고 (겉2, 안2)를 끝까지 반복하며 총 8단을 뜬 후 돗바늘로 코막음하여 마무리합니다.

무늬 게이지 참고용 차트

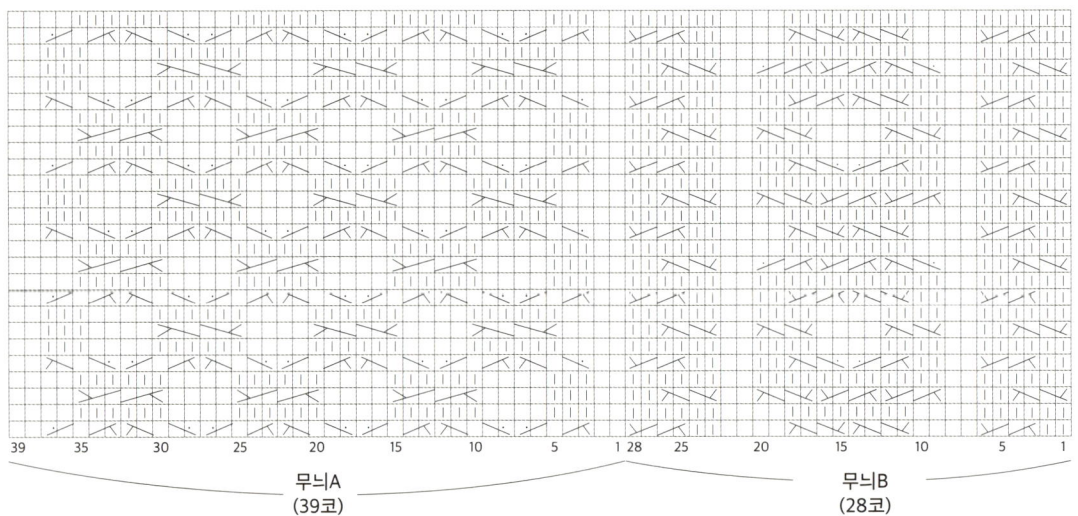

무늬A
(39코)

무늬B
(28코)

기호	설명	기호	설명
│	겉뜨기		오른코 위 2코 교차뜨기
□	안뜨기		왼코 위 2코 교차뜨기
ML	M1L		오른코 위 2코 교차뜨기(왼코 2코 안뜨기)
ML	M1LP		왼코 위 2코 교차뜨기(오른코 2코 안뜨기)
MR	M1R		오른코 위 3코 교차뜨기(왼코 2코 안뜨기)
MR	M1RP		왼코 위 3코 교차뜨기(오른코 2코 안뜨기)
+	감아코		오른코 위 3코 교차뜨기
	반복무늬 표시		왼코 위 3코 교차뜨기

목 파임 상단 차트 전 사이즈 동일

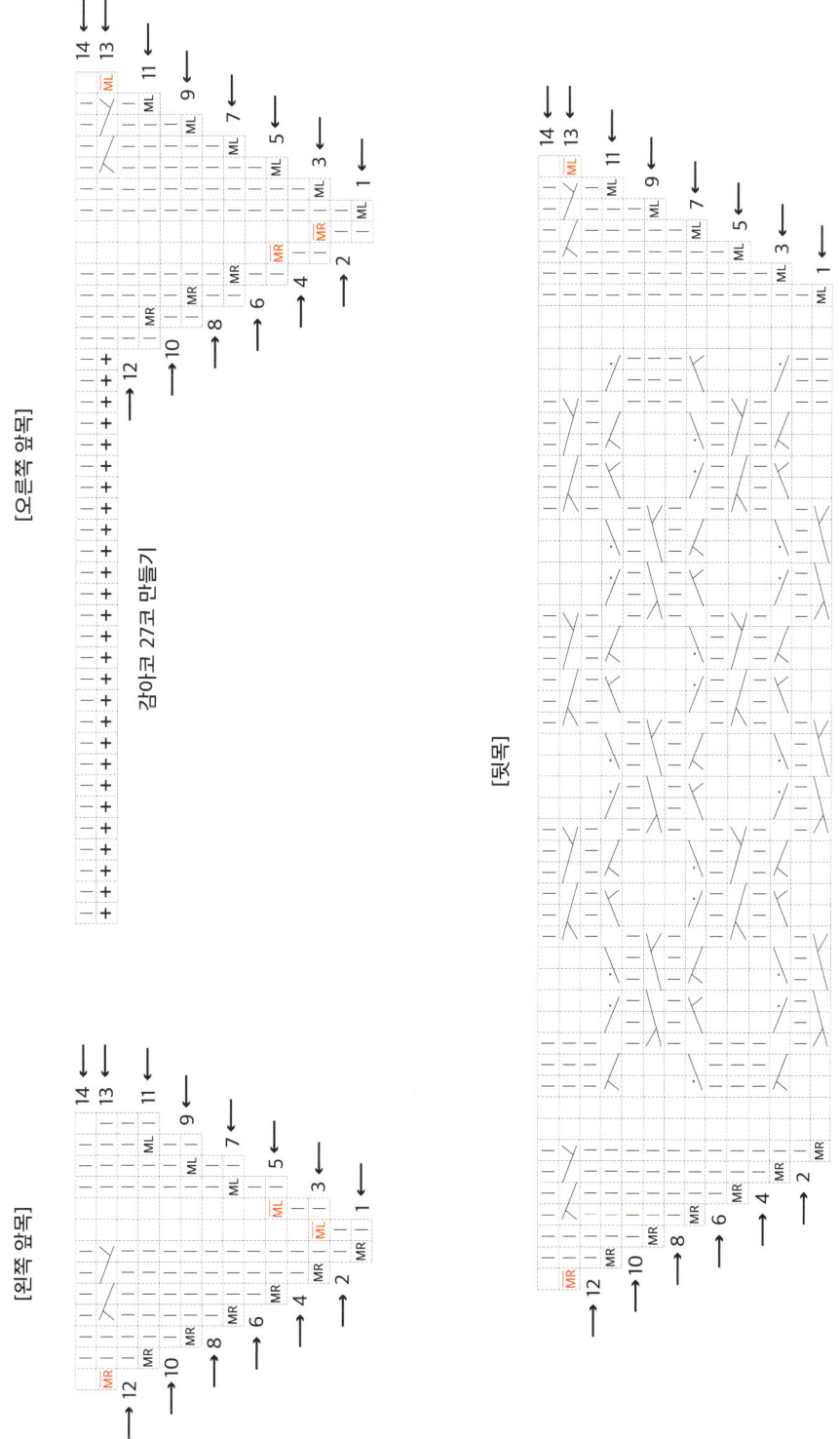

1사이즈 몸판 차트

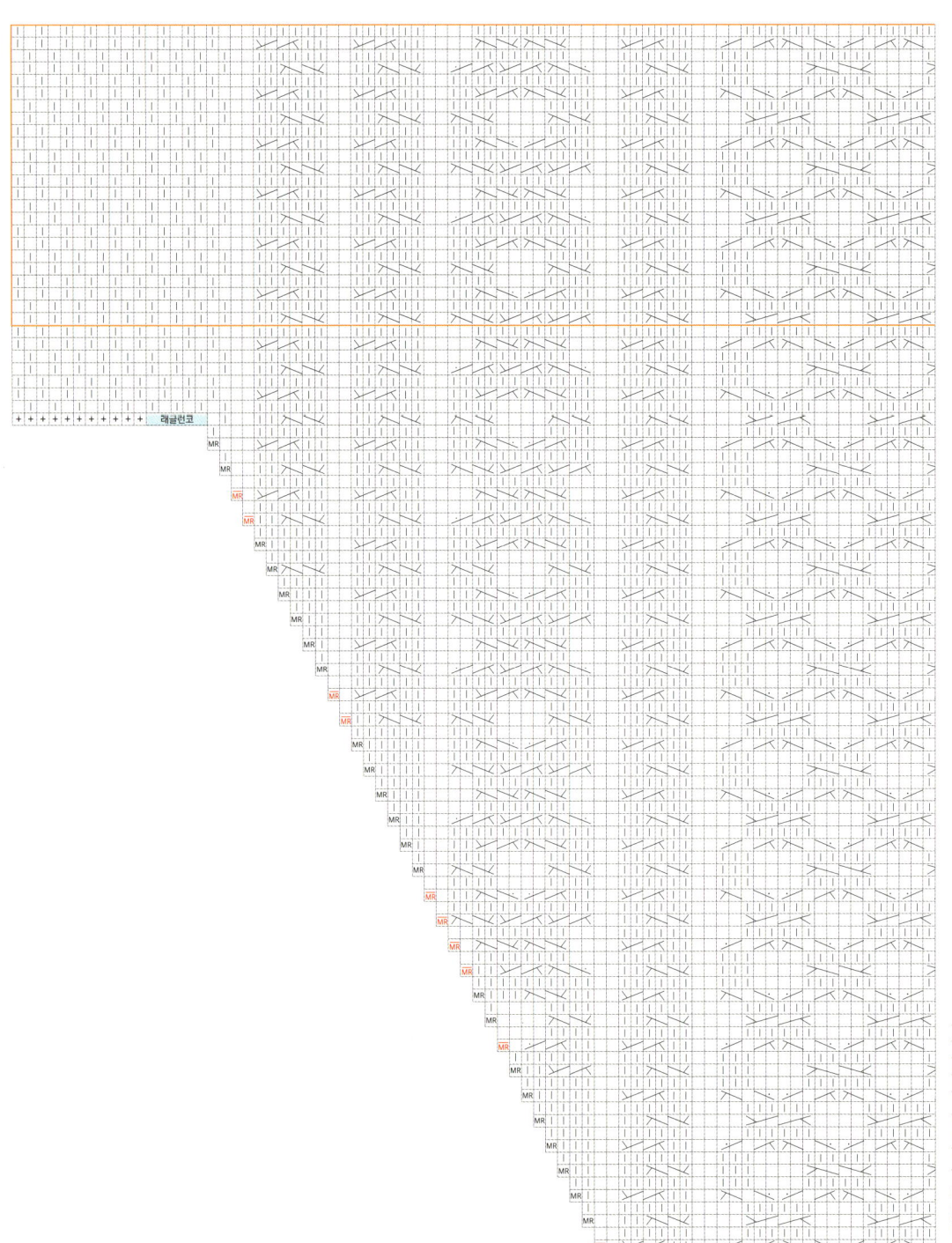

오른쪽 몸판 차트와 이어집니다.

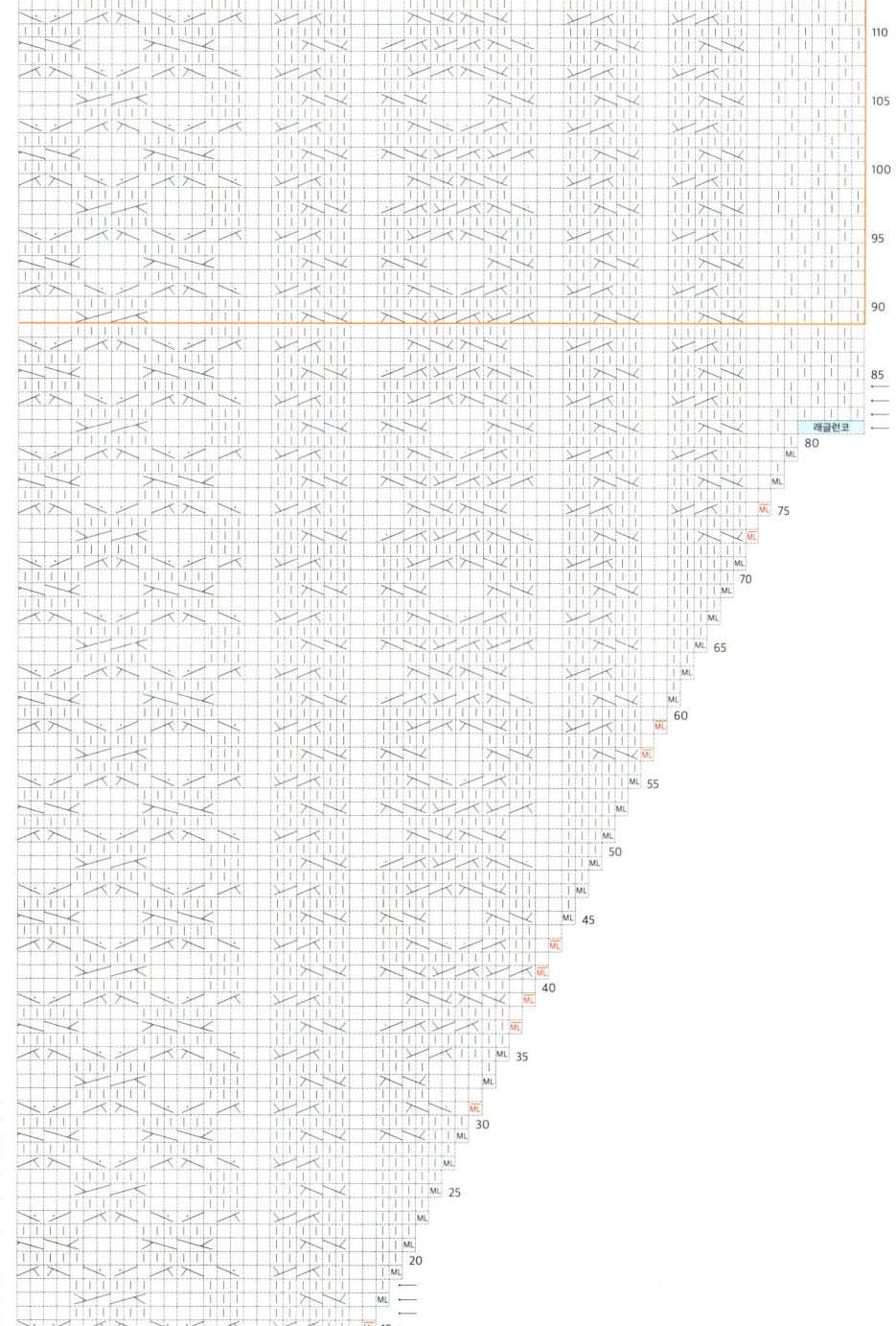

1사이즈 소매 차트

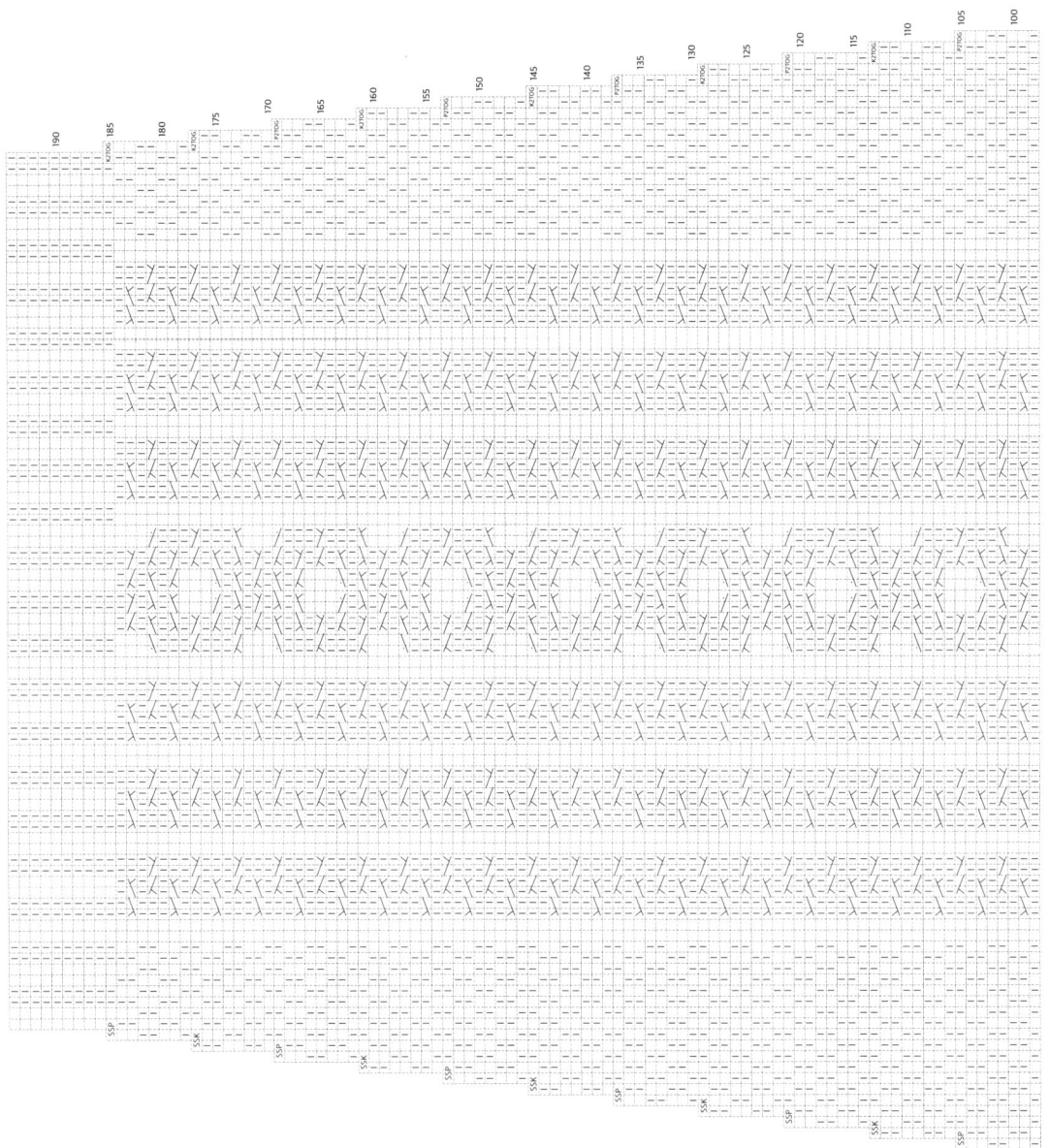

왼쪽 소매 차트와 이어집니다.

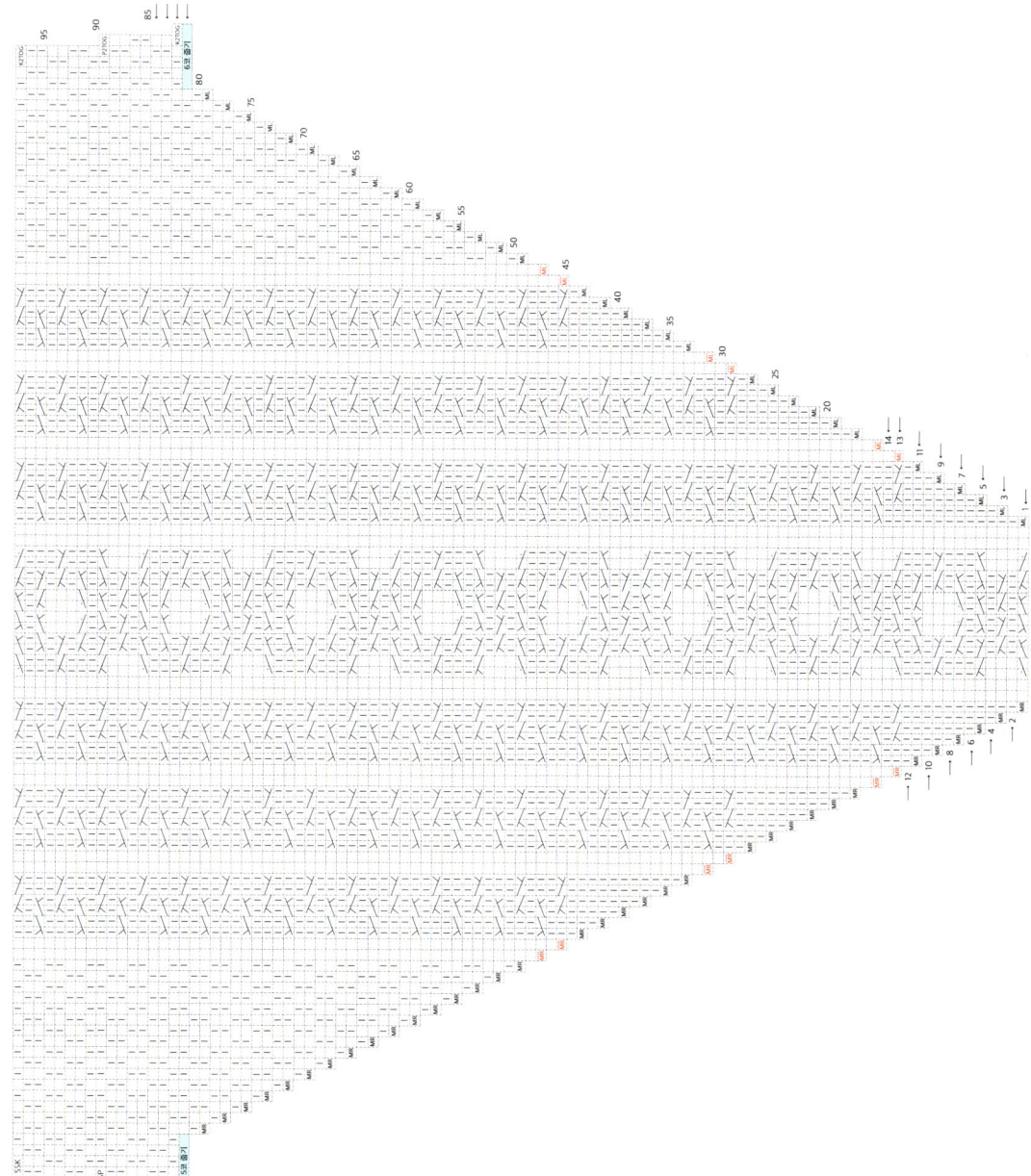

2사이즈 몸판 차트

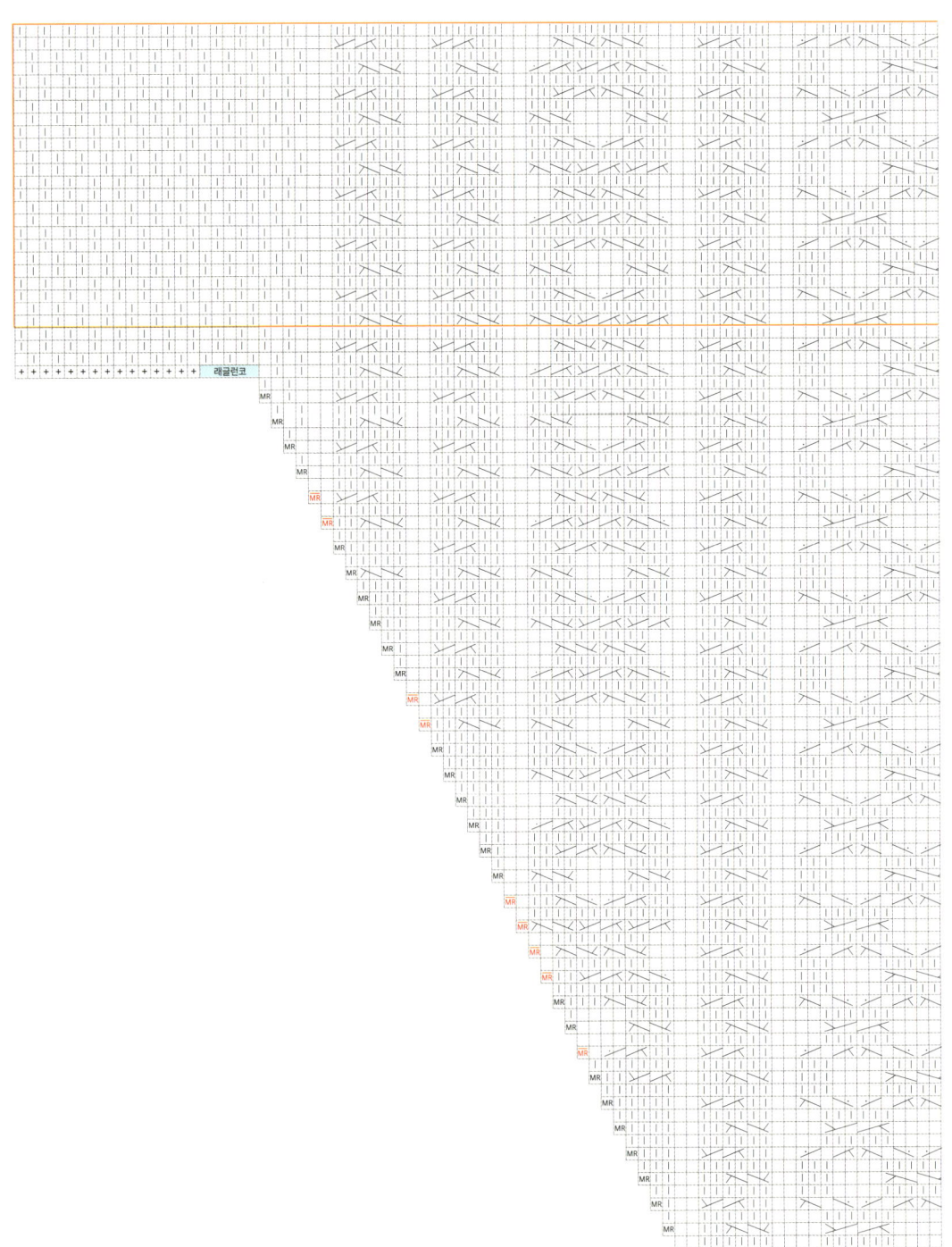

오른쪽 몸판 차트와 이어집니다.

왼쪽 몸판 차트와 이어집니다.

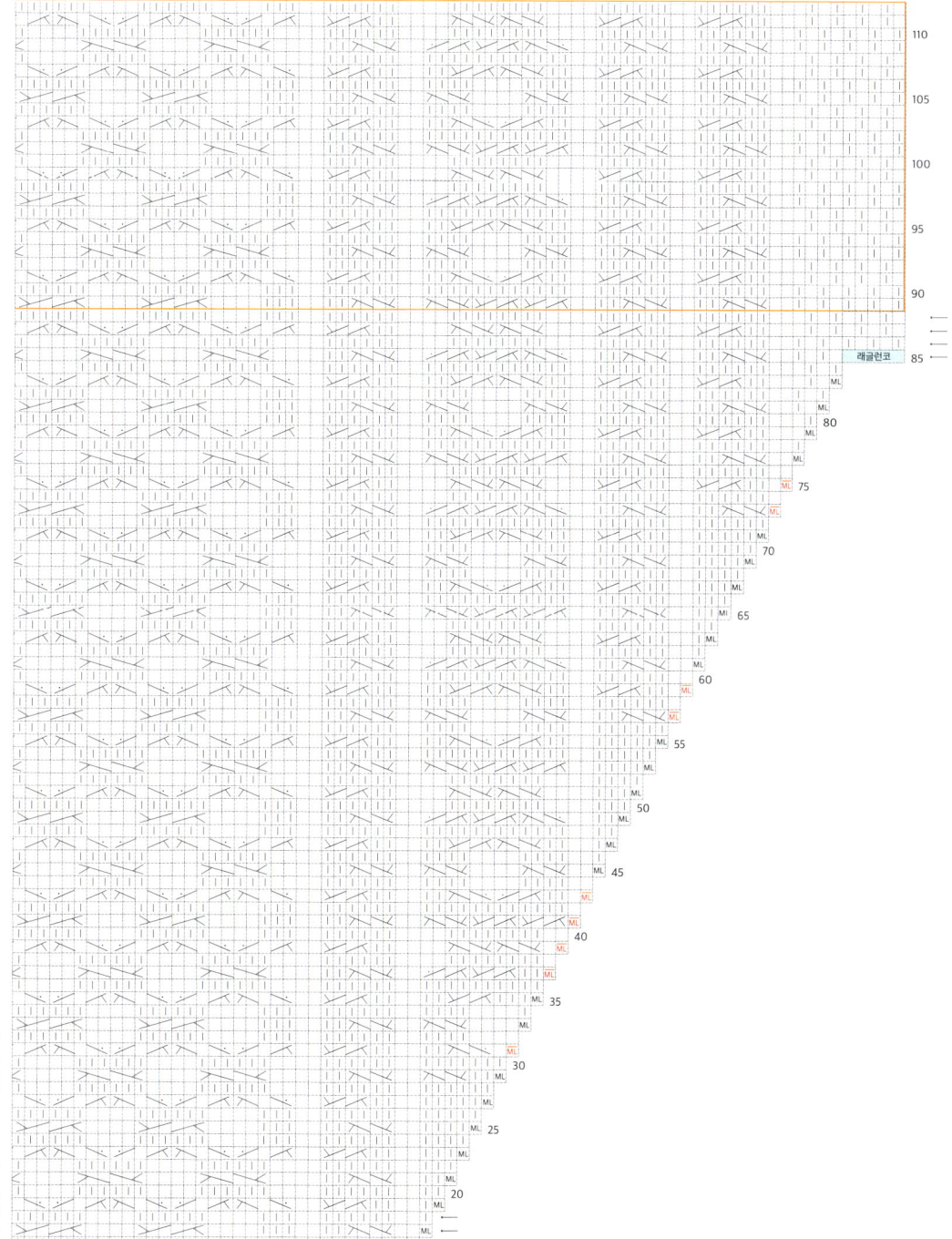

2사이즈 소매 차트

오른쪽 소매 차트와 이어집니다.

왼쪽 소매 차트와 이어집니다.

3사이즈 몸판 차트

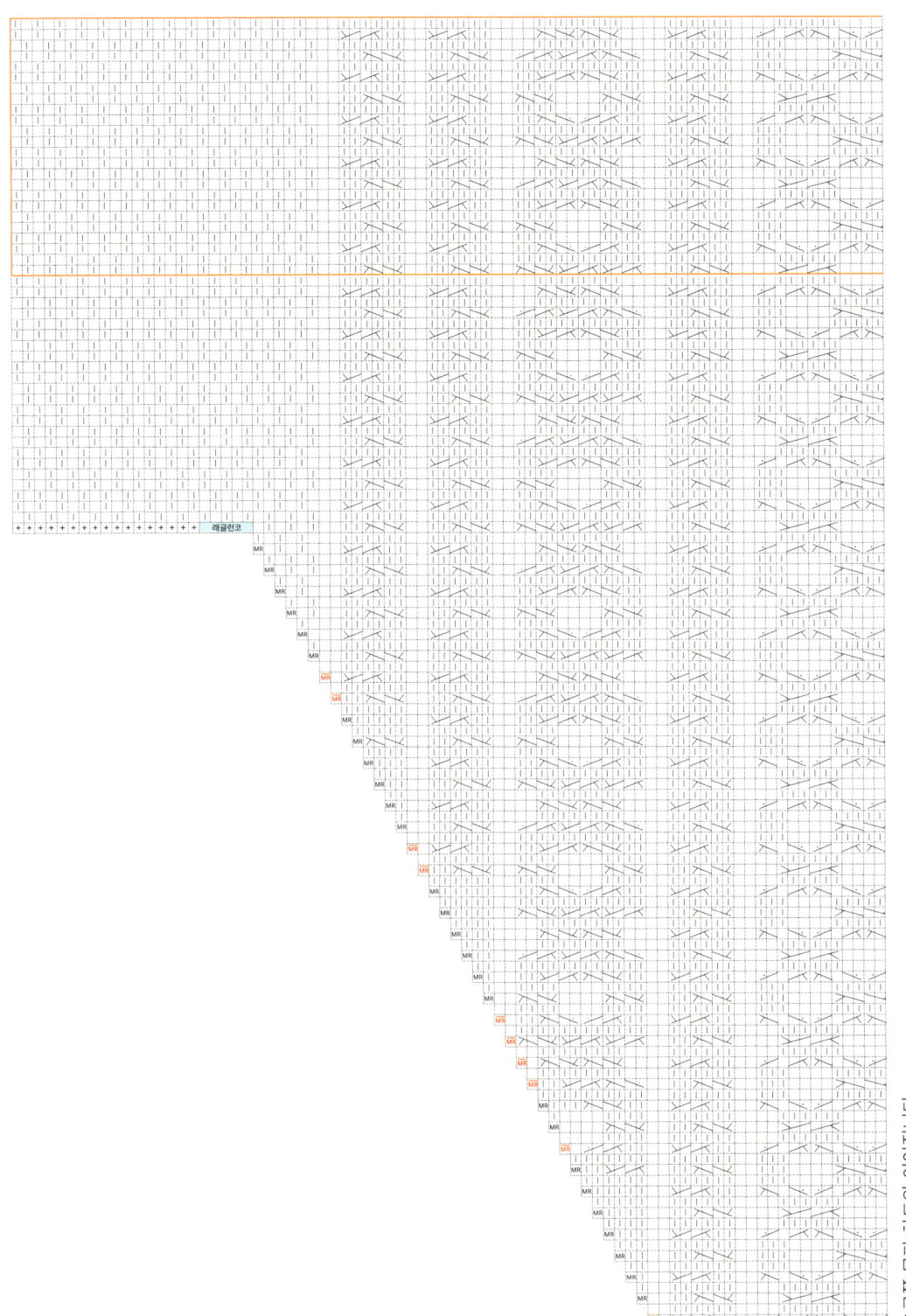

오른쪽 몸판 차트와 이어집니다.

왼쪽 몸판 차트와 이어집니다.

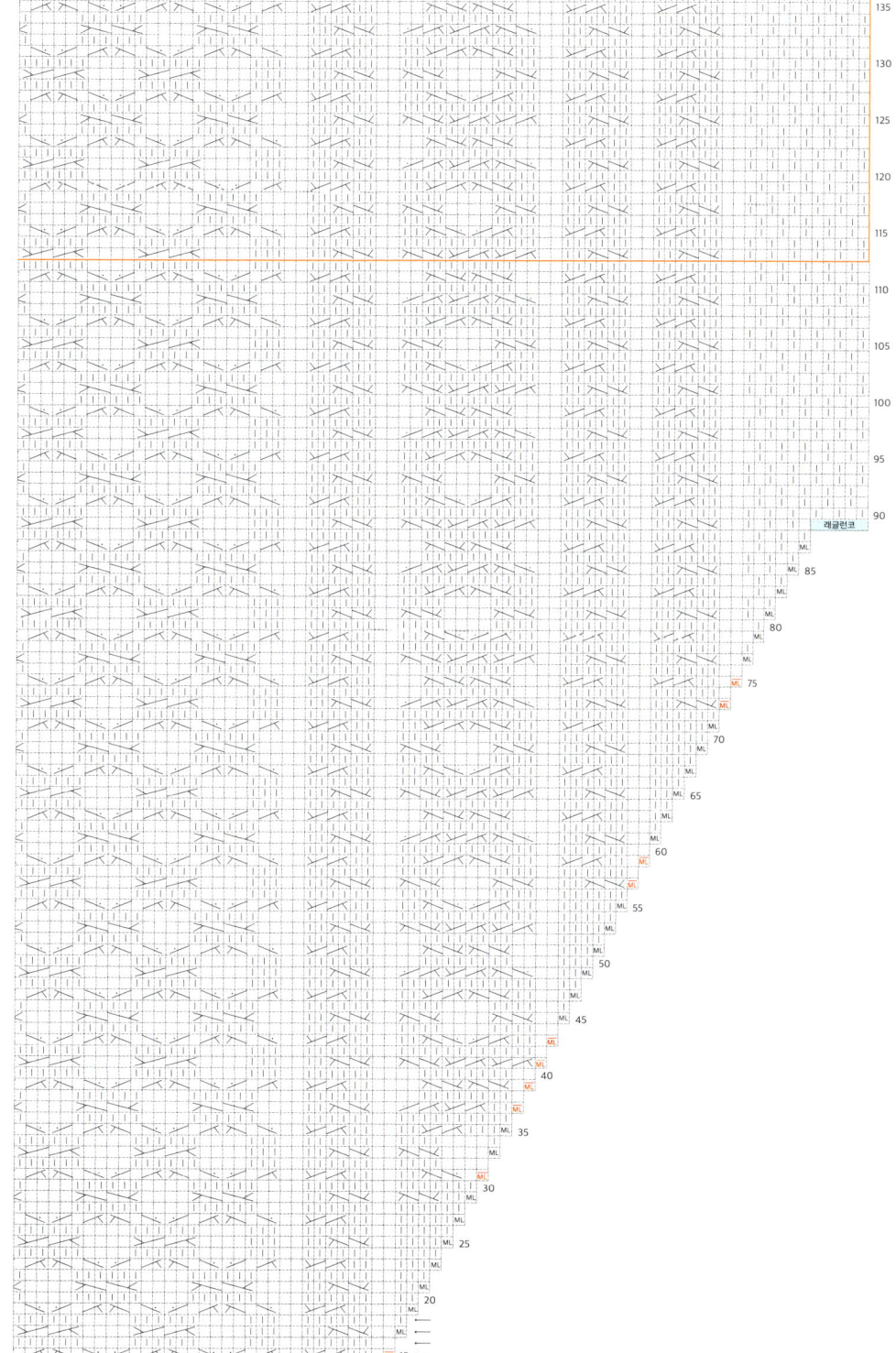

3사이즈 소매 차트

오른쪽 소매 차트와 이어집니다.

왼쪽 소매 차트와 이어집니다.

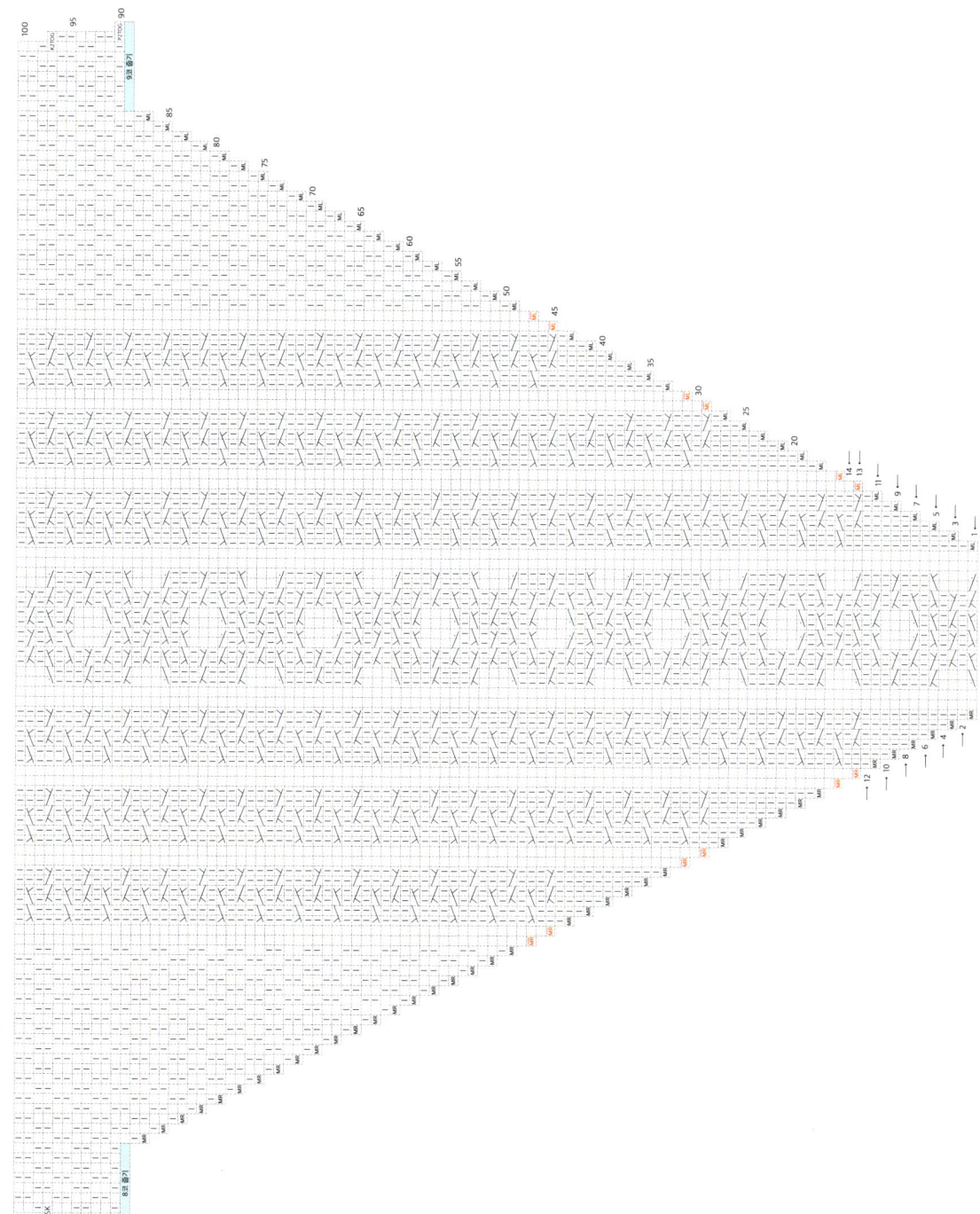

Midnight Cardigan

미드나잇 카디건

참고사항 & 영상

미드나잇 카디건은 탑다운 방식으로 진행됩니다. 먼저 뒤판 상단 부분을 작업하고 어깨 부분에서 코를 주워 앞판을 작업합니다. 양쪽 어깨를 모두 작업한 후 어깨 옆면에서 코를 줍고 코를 늘려가며 소매를 만듭니다. 한쪽으로 살짝 쏠린 언밸런스 버튼 디테일이 무심한 듯 감각적인 무드를 연출합니다. 적당한 파임의 스퀘어넥은 단독 착용해도 예쁘고, 이너와 함께 입어도 멋스럽습니다. 단추 여밈에 따라 다양한 스타일을 연출할 수 있으니 시도해보세요. 가슴둘레 여유분이 약 5-10cm 정도의 슬림핏 도안이며 몸에 가볍게 감기면서도 어깨선이 딱 떨어지는 셋인슬리브 스타일로, 날씬해보이는 핏과 단정함을 동시에 담았습니다.

사이즈(cm) & 실 소요량(g)

사이즈	1	2★	3	4	5
가슴둘레	85	90	94	100	106
옷 길이	53	53	55	55	58
실 소요량	380	400	420	440	470

게이지 4.5mm 21코 28단
바늘 4.5mm(메인), 4mm(고무단), 3.5mm(목둘레), 3mm(버튼밴드) / 케이블 40+80cm
실 '낙양모사' 헤르메스-118 멜란지블랙
단추 지름 11mm 8개
사용기법 겉뜨기, 안뜨기, M1R, M1L, M1R(안), M1L(안), K2TOG, SKP, SSK, K2TBL, TURN

뒤판 상단 뜨기

코 잡기 4.5mm 대바늘에 35코 일반 코 잡기

셋업단 안뜨기로 1단 뜨기
1단(겉면) 겉1, M1L, 마지막 1코 전까지 겉뜨기, M1R, 겉1
2단(안면) 안1, M1L(안), 마지막 1코 전까지 안뜨기, M1R(안), 안1

1-2단을 총 9(10)10(11)11번 반복합니다.

▶ 바늘에 걸린 코 = 71(75)75(79)79코 *36(40)40(44)44코 증가

실을 끊고 코를 쉬게 둔 후 앞판 어깨를 작업합니다.

앞판 뜨기

(입었을 때) 오른쪽 어깨

뒤판의 겉면을 바라보고 4.5mm 바늘로 어깨 코를 주워줍니다.
암홀 끝부분 → 목 방향으로 19(21)21(23)23코를 줍습니다.

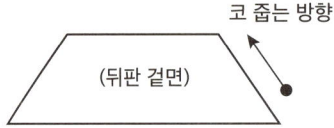

셋업단 안뜨기로 1단 뜨기
1단(겉면) 끝까지 겉뜨기
2단(안면) 끝까지 안뜨기

1-2단을 9(10)10(11)11번 반복한 후 실을 끊고 왼쪽 어깨를 뜰 동안 코를 쉬게 둡니다.
셋업단을 포함해 총 19(21)21(23)23단이 떠진 상태입니다.

(입었을 때) 왼쪽 어깨

뒤판의 겉면을 바라보고 4.5mm 바늘로 어깨 코를 주워줍니다.
목 → 암홀 끝 방향으로 19(21)21(23)23코를 줍습니다.

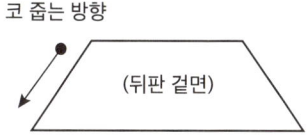

셋업단 안뜨기로 1단 뜨기
1단(겉면) 끝까지 겉뜨기
2단(안면) 끝까지 안뜨기

1-2단을 9(10)10(11)11번 반복합니다.
셋업단을 포함해 총 19(21)21(23)23단이 떠진 상태입니다. 실을 끊지 않고 다음 단계로 넘어갑니다.

요크 & 넥 라인 만들기

이제 다음 단계를 진행하면서 지금까지 뜬 앞판과 뒤판 코를 하나의 바늘에 옮기고 몸판과 소매를 같이 뜰 차례입니다.
뜨는 순서는 입었을 때 왼쪽 앞판 → 왼쪽 소매 → 뒤판 → 오른쪽 소매 → 오른쪽 앞판 입니다.

다음과 같이 진행하며 '/' 표시마다 마커를 걸어줍니다.

1단(겉면) 왼쪽 앞판 2코 남을 때까지 겉뜨기, SKP / 왼쪽 소매 16(18)18(20)20코 줍기(4코 줍고 1코 건너뛰고 반복하며 줍기) / (이제 뒤판 코로 넘어가기), K2TOG, 뒤판 마지막 2코 남을 때까지 겉뜨기, SKP / 오른쪽 소매 16(18)18(20)20코 줍기(4코 줍고 1코 건너뛰고 반복하며 줍기) / (이제 오른쪽 앞판 코로 넘어가기), K2TOG, 끝까지 겉뜨기
2단(안면) 끝까지 안뜨기

▶ 바늘에 걸린 코 = 18(20)20(22)22(왼쪽 앞판) / 16(18)18(20)20(왼쪽 소매) / 69(73)73(77)77(뒤판) / 16(18)18(20)20(오른쪽 소매) / 18(20)20(22)22(오른쪽 앞판) ⇒ 총 137(149)149(161)161코

다음과 같이 평면뜨기로 소매 코 늘림을 진행하며 '/' 표시마다 마커를 넘겨줍니다.

1단(겉면) 마커까지 모두 겉뜨기 / M1L, 마커까지 왼쪽 소매 코 모두 겉뜨기, M1R / 마커까지 뒤판 모두 겉뜨기 / M1L, 마커까지 오른쪽 소매 코 모두 겉뜨기, M1R / 끝까지 겉

뜨기
2단(안면) 끝까지 안뜨기

1-2단을 총 6(6)6(5)번 반복합니다.
이제 다음과 같이 작업하며 넥 라인을 완성합니다.

1단(겉면) 겉1, M1L, 마커까지 겉뜨기 / M1L, 마커까지 왼쪽 소매 코 모두 겉뜨기, M1R / 마커까지 뒤판 모두 겉뜨기 / M1L, 마커까지 오른쪽 소매 코 모두 겉뜨기, M1R / 마지막 1코 전까지 겉뜨기, M1R, 겉1
2단(안면) 끝까지 안뜨기
3단(겉면) 1단과 동일하게 뜨기
4단(안면) 끝까지 안뜨기
5단(겉면) 마커까지 모두 겉뜨기 / M1L, 마커까지 왼쪽 소매 코 모두 겉뜨기, M1R / 마커까지 뒤판 모두 겉뜨기 / M1L, 마커까지 오른쪽 소매 코 모두 겉뜨기, M1R / 끝까지 겉뜨기, 감아코로 24(24)24(24)24코 만들기
6단(안면) 끝까지 안뜨기

▶ 바늘에 걸린 코 = 20(22)22(24)24(왼쪽 앞판) / 34(36)36(36)36(왼쪽 소매) / 69(73)73(77)77(뒤판) / 34(36)36(36)36(오른쪽 소매) / 44(46)46(48)48(오른쪽 앞판)
⇒ 총 201(213)213(221)221코

이제 소매 부분에만 늘림을 주며 다음과 같이 진행합니다.

1단(겉면) 마커까지 모두 겉뜨기 / M1L, 마커까지 왼쪽 소매 코 모두 겉뜨기, M1R / 마커까지 뒤판 모두 겉뜨기 / M1L, 마커까지 오른쪽 소매 코 모두 겉뜨기, M1R / 끝까지 겉뜨기
2단(안면) 끝까지 안뜨기

1-2단을 총 7(7)6(5)5번 반복합니다.

▶ 바늘에 걸린 코 = 20(22)22(24)24(왼쪽 앞판) / 48(50)48(46)46(왼쪽 소매) / 69(73)73(77)77(뒤판) / 48(50)48(46)46(오른쪽 소매) / 44(46)46(48)48(오른쪽 앞판)
⇒ 총 229(241)237(241)241코

래글런 늘리기

이제 몸통과 소매를 동시에 늘리며 래글런 늘림을 진행합니다.

1단(겉면) 마커 2코 전까지 겉뜨기, M1R, 겉2 / M1L, 마커 전까지 겉뜨기, M1R / 겉2, M1L, 마커 2코 전까지 겉뜨기, M1R, 겉2 / M1L, 마커 전까지 겉뜨기, M1R / 겉2, M1L, 끝까지 겉뜨기

2단(안면) 끝까지 안뜨기

1-2단을 총 6(7)8(9)11번 반복합니다.

▶ 바늘에 걸린 코 = 26(29)30(33)35(왼쪽 앞판) / 60(64)64(64)68(왼쪽 소매) / 81(87)89(95)99(뒤판) / 60(64)64(64)68(오른쪽 소매) / 50(53)54(57)59(오른쪽 앞판)
⇒ 총 콧수 277(297)301(313)329코

소매 분리하기

소매 코는 별실이나 여분의 케이블에 옮겨두고 이어서 몸판만 평면뜨기로 작업합니다. 다음과 같이 뜨며 몸판 코와 소매 코를 분리해주세요.

마커 전까지 앞판 코 모두 겉뜨기, 마커 제거, 소매 60(64)64(64)68코 별실이나 여분의 케이블에 옮기기, 마커 제거, 감아코 8(8)10(10)12코 만들기, 마커 전까지 뒤판 코 모두 겉뜨기, 마커 제거, 소매 60(64)64(64)68코 별실이나 여분의 케이블에 옮기기, 마커 제거, 감아코 8(8)10(10)12코 만들기, 끝까지 겉뜨기

▶ 바늘에 걸린 코 = 173(185)193(205)217코

몸통 뜨기

계속해서 메리야스 평면뜨기로 뒷목 중앙부터 밑단 끝자락까지 50(50)52(52)55cm, 혹은 입어본 후 원하는 길이에서 3cm를 뺀 지점까지 뜹니다.

4mm 바늘로 교체합니다.

1단(겉면) 겉1, (겉1, 안1) × 마지막 2코 남을 때까지 반복, 겉2
2단(안면) 안1, (안1, 겉1) × 마지막 2코 남을 때까지 반복, 안2

1-2단을 8단이 될 때까지 뜬 후 돗바늘 코막음하여 마무리합니다

소매 뜨기

별실에 옮겨둔 코를 다시 4.5mm 바늘에 끼우고, 언더암에 감아코로 코를 만든 부분에서 8(8)10(10)12코를 주워줍니다.

▶ 바늘에 걸린 코 = 68(72)74(74)80코

소매는 원통뜨기로 진행합니다.
• 원통의 시작점은 감아코 부분에서 코를 주워준 부분의 중앙입니다.
시작점에 시작마커를 걸어줍니다.
모두 겉뜨기로 뜨며 12(12)12(13)10단마다 2코씩 총 11(11)11(10)13번, 즉 22(22)22(20)26코 줄임이 들어갑니다. 줄임단은 다음과 같습니다.

줄임단 K2TOG, 시작마커 2코 전까지 모두 겉뜨기, SSK

소매 줄임이 끝나면 메리야스뜨기로 4(0)0(4)0단을 더 뜬 후 고무단에 들어갑니다.

▶ 바늘에 걸린 코 = 46(50)52(54)56코

4mm 바늘로 교체하고 1코 고무단(겉1, 안1)으로 8단을 뜹니다.
돗바늘로 코막음하여 마무리합니다.

버튼밴드 뜨기

(입었을 때) 오른쪽 버튼밴드

겉면에서 새 실을 걸고 밑단 → 목 방향으로 앞섶에 있는 코를 주워줍니다.
3mm 바늘로 매 단마다 모든 코를 줍습니다.
• 각자 길이를 조절해서 뜨기 때문에 정확한 콧수를 기재하기 어렵습니다. 주운 콧수를 기억해 반대쪽 앞섶에서도 같은 개수로 주워줍니다.

실을 끊고 단춧구멍을 표시합니다.
다시 밑단 쪽 바늘에 새 실을 걸고 안뜨기로 시작하는 흔들코 7코를 잡아줍니다.
편물을 뒤집어 더블니팅을 진행합니다.

겉면 (겉1, 걸쳐안뜨기1) × 3회, 마지막 코는 몸판의 코와 함께 K2TBL
안면 (걸쳐안뜨기1, 겉1) × 3회, 걸쳐안뜨기1

위 작업을 반복하면서 단춧구멍을 만들 위치에 오면 다음과 같이 작업하며 구멍을 만들

어줍니다. *오른쪽 영상 참고

단춧구멍 만들기

1단 겉1, 걸쳐안뜨기1, 겉1, TURN
2단 걸쳐안뜨기1, 겉1, 걸쳐안뜨기1
3단 겉1, 걸쳐안뜨기1, 겉1, 바늘비우기, 걸쳐안뜨기1, 겉1, 걸쳐안뜨기1, K2TBL
4단 걸쳐안뜨기1, 겉1, 걸쳐안뜨기1, 겉뜨기 코와 바늘비우기 코 SSK, 왼쪽 바늘을 앞쪽에서 뒤쪽으로 두 바늘 사이를 가로지르는 가닥을 건져올려 새로운 코 만들기, TURN
5단 걸쳐안뜨기1, 겉1, 걸쳐안뜨기1, K2TBL
6단 걸쳐안뜨기1, 겉1, 걸쳐안뜨기1, 겉뜨기 코와 건져올린 코 SSK, 걸쳐안뜨기1, 겉1, 걸쳐안뜨기1

마지막 단은 돗바늘 마무리합니다.

(입었을 때) 왼쪽 버튼밴드

겉면에서 새 실을 걸고 목 → 밑단 방향으로 앞섶에 있는 코를 주워줍니다.
3mm 바늘로 매 단마다 모든 코를 줍고 실을 끊어줍니다.

다시 목 부분으로 돌아가 바늘에 새 실을 걸어줍니다.
안뜨기로 시작하는 흔들코 7코를 잡아줍니다.
편물을 뒤집어 더블니팅을 진행합니다.

겉면 (겉1, 걸쳐안뜨기1) × 3회, 마지막 코는 몸판의 코와 함께 K2TBL
안면 (걸쳐안뜨기1, 겉1) × 3회, 걸쳐안뜨기1

위 작업을 끝까지 반복하고 마지막 단은 돗바늘 마무리합니다.
단춧구멍 간격에 맞춰 단추를 달아줍니다.

목둘레 뜨기

3.5mm 바늘로 오른쪽 앞판 끝부분부터 133(135)135(135)135코 주워줍니다.
• 콧수는 정확하게 맞지 않아도 됩니다.

실을 끊어줍니다. 다시 오른쪽 앞판 끝부분으로 돌아가 새 실을 걸어줍니다.
새로운 코 3코를 만들어 아이코드 기법으로 마무리합니다. *오른쪽 영상 참고

아이코드 기법

눈꽃마을 스웨터

참고사항 & 영상

마치 오래된 산장의 벽난로 앞에서 입고 있을 것 같은 포근한 스웨터를 소개합니다.
신비로운 눈 결정 무늬와 아기자기한 꽃무늬가 어우러진 빈티지한 패턴, 보기만 해도 기분이 좋아지는
경쾌한 색상이 인상적입니다. 눈꽃마을 스웨터는 탑다운 방식으로 제작됩니다.
뒤판의 어깨 경사부터 만든 후 어깨 부분에서 코를 주워 앞판을 뜨고,
앞판 넥 라인이 완성되면 뒤판과 연결해 원통으로 이어 뜨며 마무리합니다.

사이즈(cm) & 실 소요량(볼)

사이즈	FREE
가슴둘레	114
옷 길이	55
실 소요량(아이보리)	7
실 소요량(연노랑)	1
실 소요량(레드)	2
실 소요량(진수박)	1
실 소요량(다크블루)	1

게이지 4.5mm 21코 26단
바늘 4.5mm(메인), 4mm(고무단) / 케이블 40+60+80cm
실 '낙양모사' 아임울4-101 아이보리+109 연노랑+126 레드+148 진수박+155 다크블루
사용기법 겉뜨기, 안뜨기, 교차뜨기, TURN, DS, K2TOG, P2TOG, SSK, SSP

뒤판 뜨기

코 잡기 4.5mm 바늘에 120코 일반 코 잡기

코가 완성되면 실을 대략 10cm 정도 남기고 끊어주세요.
왼쪽 바늘에서 43코를 뜨지 않은 채 그대로 오른쪽 바늘로 옮깁니다.
새 실을 연결하고 1단부터 시작합니다.
되돌아뜨기(저먼 쇼트 로우German short row)를 이용해 어깨 모양을 만들어줍니다.

1단(겉면) (겉1, 안1) × 34코 반복, TURN
2단(안면) DS코 만들기, (안1, 겉1) × 시작한 코에서 6코 지나기까지 반복, TURN
3단(겉면) DS코 만들기, (겉1, 안1) × 마지막 DS코에서 6코 더 뜬 후 TURN
4단(안면) DS코 만들기, (겉1, 안1) × 마지막 DS코에서 6코 더 뜬 후 TURN
5단(겉면) DS코 만들기, (안1, 겉1) × 마지막 DS코에서 6코 더 뜬 후 TURN
6단(안면) DS코 만들기, (안1, 겉1) × 마지막 DS코에서 6코 더 뜬 후 TURN

1단부터 셈하여 13단이 될 때까지 3-6단을 반복한 후 다음과 같이 진행합니다.
- 마지막 DS코 이후 7코가 남은 상태입니다.

14단(안면) DS코 만들기, (안1, 겉1) × 마지막 코까지 반복

경사뜨기가 끝났습니다. 이어서 다음과 같이 진행합니다.

15단(겉면) (겉1, 안1) × 끝까지 반복
16단(안면) (겉1, 안1) × 끝까지 반복
17단(겉면) (안1, 겉1) × 끝까지 반복
18단(안면) (안1, 겉1) × 끝까지 반복

15-18단을 총 2번 반복한 후 15-16단만 한 번 더 반복합니다. 총 24단이 떠진 상태입니다.
이제 배색 차트(100쪽)를 참고해 배색무늬 24코를 5회 반복합니다.

배색 부분이 끝나면 다음과 같이 1코 2단 멍석무늬를 4단 작업 후 실을 끊어줍니다.

1단(겉면) (겉1, 안1) × 끝까지 반복
2단(안면) (겉1, 안1) × 끝까지 반복
3단(겉면) (안1, 겉1) × 끝까지 반복
4단(안면) (안1, 겉1) × 끝까지 반복

앞판 뜨기

이제 어깨 부분에서 코를 주운 후 앞판 작업에 들어갑니다. *93쪽 영상 참고

(입었을 때) 왼쪽 어깨

왼쪽 어깨너비의 4배 길이의 여유실을 남겨두고 목 부분부터 코를 줍기 시작합니다.
4.5mm 바늘로 짧은 실 끝을 사용하여 43코를 주워주세요.
바늘을 당겨 목 부분부터 진행합니다.

1단(겉면) (안1, 겉1) × 마지막 1코 전까지 반복, 안1
2단(안면) (겉1, 안1) × 마지막 1코 전까지 반복, 겉1
3단(겉면) (겉1, 안1) × 마지막 1코 전까지 반복, 겉1
4단(안면) (안1, 겉1) × 마지막 1코 전까지 반복, 안1

1-4단을 14단이 될 때까지 반복한 후 다음과 같이 작업합니다.

15단(겉면) 감아코 1코 만들고 만든 코를 안뜨기로 꼬아뜨기, (겉1, 안1) × 마지막 1코 전까지 반복, 겉1
16단(안면) (안1, 겉1) × 끝까지 반복
17단(겉면) 감아코 1코 만들고 만든 코를 안뜨기로 꼬아뜨기, (겉1, 안1) × 끝까지 반복
18단(안면) (겉1, 안1) × 마지막 1코 전까지 반복, 겉1

1단부터 셈하여 30단이 될 때까지 15-18단을 반복합니다.
바늘에는 51코가 걸린 상태입니다.
실을 끊고 오른쪽 어깨를 뜰 동안 코를 쉬게 둡니다.

(입었을 때) 오른쪽 어깨

오른쪽 어깨너비의 4배 길이의 여유실을 남겨두고 어깨 끝부분부터 코를 줍습니다.
4.5mm 바늘로 짧은 실 끝을 사용하여 43코를 주워주세요.
바늘을 당겨 어깨 끝부분부터 진행합니다.

1단(겉면) (겉1, 안1) × 마지막 1코 전까지 반복, 겉1
2단(안면) (안1, 겉1) × 마지막 1코 전까지 반복, 안1
3단(겉면) (안1, 겉1) × 마지막 1코 전까지 반복, 안1

4단(안면) (겉1, 안1) × 마지막 1코 전까지 반복, 겉1

1-4단을 14단이 될 때까지 반복한 후 다음과 같이 작업합니다.

15단(겉면) (안1, 겉1) × 마지막 1코 전까지 반복, 안1, 감아코 1코 만들기
16단(안면) 만든 코를 안뜨기로 꼬아뜨기, (겉1, 안1) × 마지막 1코 전까지 반복, 겉1
17단(겉면) (겉1, 안1) × 끝까지 반복, 감아코 1코 만들기
18단(안면) 만든 코를 안뜨기로 꼬아뜨기, (겉1, 안1) × 끝까지 반복

1단부터 셈하여 30단이 될 때까지 15-18단을 반복합니다.
바늘에는 51코가 걸린 상태입니다.
이제 양쪽 앞판을 연결하기 위해 다음과 같이 작업합니다.

1단(겉면) (안1, 겉1) × 마지막 1코 남을 때까지 반복, 안1, 감아코 18코 만들기, 왼쪽 어깨 코를 가져와 (겉1, 안1) × 마지막 1코 남을 때까지 반복, 겉1
2단(안면) (안1, 겉1) × 끝까지 반복

이제 멍석무늬에 맞춰 6단을 더 떠주세요.
• 감아코를 만든 부분부터 단수를 셈하면 멍석무늬 단이 8단 떠진 상태입니다.

다음은 아래 배색 차트를 참고하여 작업합니다. *확대본 배색 차트 100쪽 참고
배색무늬 24코를 5회 반복합니다.

배색 차트 축소판

배색 부분이 끝나면 다음과 같이 멍석무늬를 4단 작업한 후 5단을 뜰 차례에서 앞판과 뒤판을 연결합니다.

1단(겉면) (겉1, 안1) × 끝까지 반복
2단(안면) (겉1, 안1) × 끝까지 반복
3단(겉면) (안1, 겉1) × 끝까지 반복
4단(안면) (안1, 겉1) × 끝까지 반복

앞판 & 뒤판 연결하기

5단(겉면) (겉1, 안1) × 앞판 코가 끝날 때까지 반복, 뒤판 코를 가져와 (겉1, 안1) × 끝까지 반복한 후 시작마커 걸기

바늘에는 총 240코가 걸린 상태입니다.
이제부터는 쭉 원통뜨기로 진행합니다. 계속해서 무늬에 맞춰 멍석무늬를 떠주세요.
멍석무늬 단을 총 16단을 뜬 후 배색무늬 24코를 10회 반복합니다.
• 원통뜨기 배색의 구조적 특성상 끝코와 시작코가 이어지는 지점에 단차가 생길 수 있습니다. 완전히 없앨 수는 없지만, 단차를 완화하고 싶다면 영상(93쪽)을 참고해주세요.

다음 그림을 참고하여 몸판 작업을 진행합니다.

몸판 작업을 완료한 후 고무단을 뜹니다.
4mm 바늘로 교체하여 (겉1, 안1)을 끝까지 반복하며 14단을 뜬 후 돗바늘로 코막음하여 마무리합니다.

소매 뜨기

소매는 원통뜨기로 진행합니다.
암홀 중앙부터 새 실을 걸고 4.5mm 바늘로 3코 줍고 1코 건너뛰고 반복하며 총 81코를 줍습니다.
이제 시작마커를 걸고 소매 차트(101쪽)를 참고하여 소매를 작업합니다.
원통뜨기로 뜨기 때문에 차트는 매 단마다 오른쪽 → 왼쪽 방향으로 읽으며 뜹니다.

끝까지 작업한 후 4mm 바늘로 교체합니다.
(겉1, 안1)을 반복하며 14단을 뜬 후 돗바늘로 코막음하여 마무리합니다.
- 소매 코가 홀수이기 때문에 고무뜨기 첫 단의 마지막 2코는 모아안뜨기(P2TOG)로 떠서 모양을 맞춰줍니다.

목둘레 뜨기

목 부분 뒤판의 겉면을 바라보고 뒷목의 오른쪽 끝부분부터 코를 줍기 시작합니다.
4mm 바늘로 106코 주워줍니다.
- 콧수는 도안과 정확하게 일치하지 않아도 되지만, 꼭 짝수로 맞춰주세요.

시작마커를 걸고 1코 고무단(겉1, 안1)으로 20단을 뜬 후 덮어씌워 코막음합니다.
실을 여유 있게 남기고 끊어준 후 편물을 안쪽으로 접어 돗바늘로 감침질하여 마무리합니다.

배색 차트

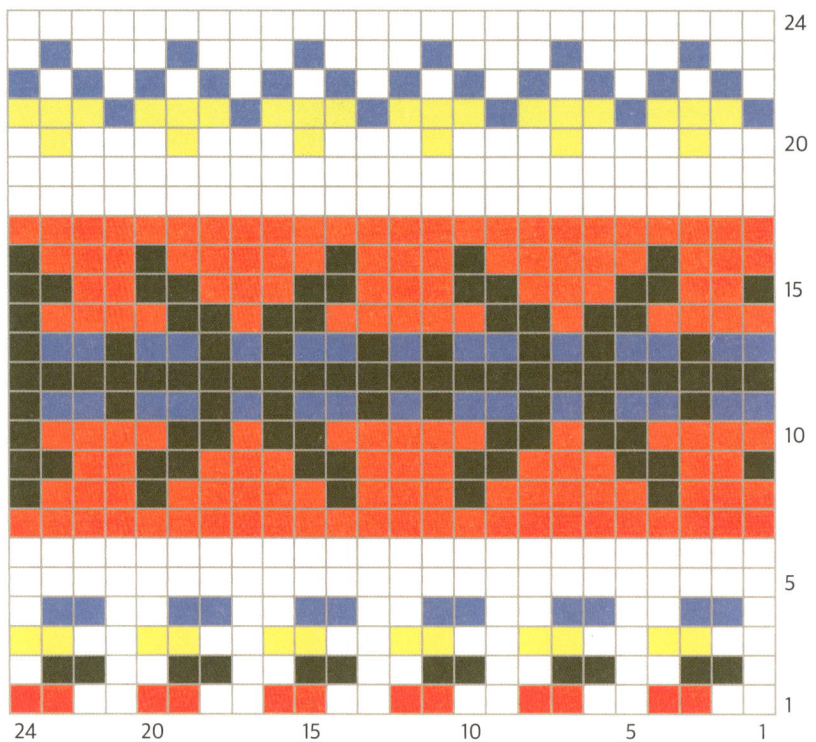

소매 차트

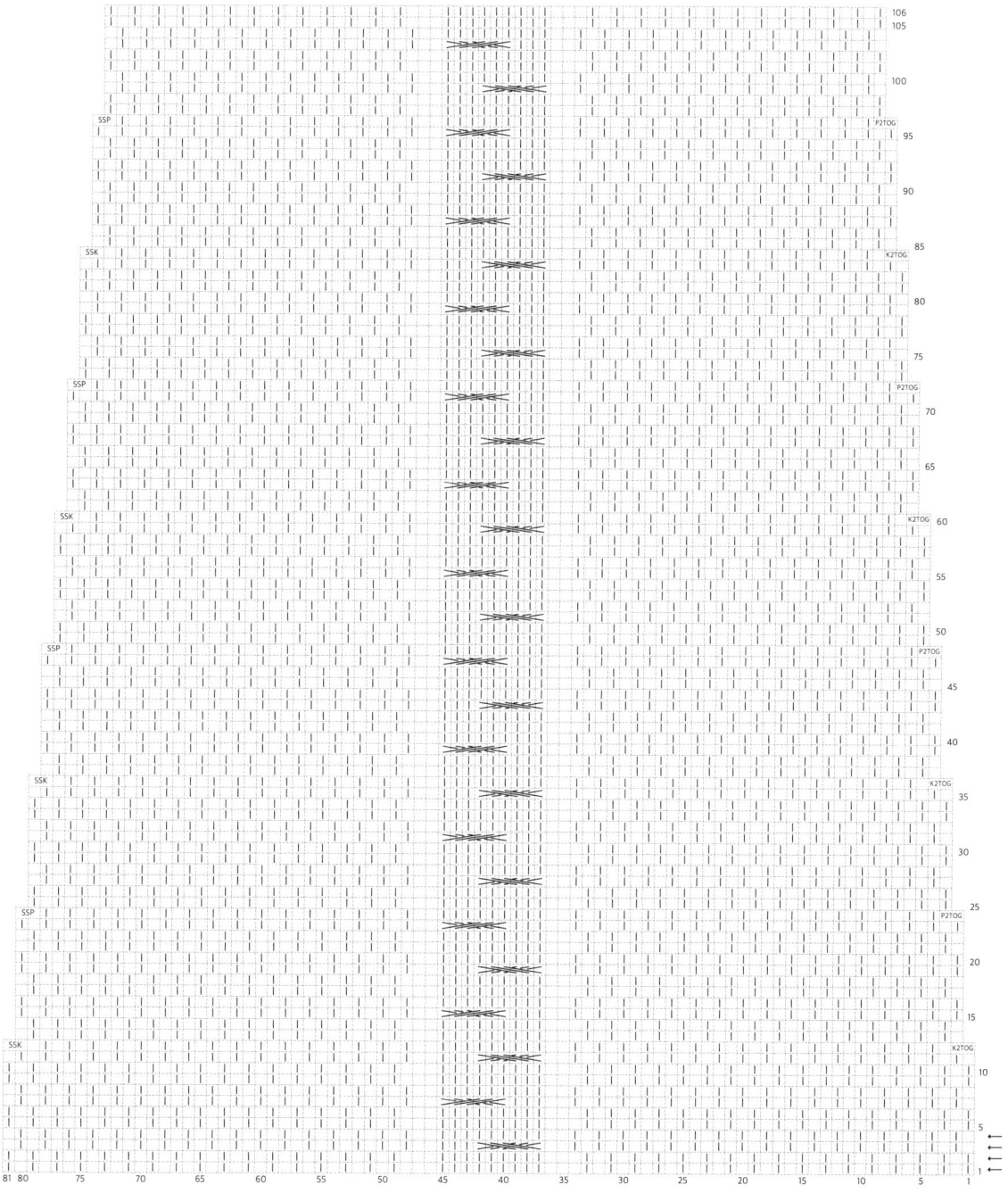

101

Coconut Blouse

코코넛 블라우스

참고사항 & 영상

코코넛 블라우스는 탑다운 방식으로 진행됩니다. 먼저 뒤판 상단을 작업하고
어깨 부분에서 코를 주워 앞판을 만듭니다. 양쪽 어깨를 모두 완성하면, 어깨 옆면에서
코를 주워 늘려가며 소매를 형성합니다. 몸판은 모두 평면뜨기로 작업하며,
마지막에 앞섶을 연결해 완성합니다. 소매는 원통뜨기로 마무리되고,
긴팔로 제작하면 여리여리한 분위기를, 반팔은 가볍고 산뜻한 느낌을 줍니다.
어떤 길이로 떠도 몸에 감기듯 자연스럽게 흐르는 실루엣이 이 블라우스의 가장 큰 매력입니다.

사이즈(cm) & 실 소요량(볼)

사이즈	1	2★	3	4	5
가슴둘레	90	95	100	108	113
옷길이	58	58	58	58	58
긴팔 실 소요량	8	9	9	9	10
반팔 실 소요량	6	6	6	7	7

게이지 5mm 17코 25단
바늘 5mm / 케이블 40+80cm
실 '낙양모사' 코코넛-긴팔 301 아이보리(반팔 305 블랙)
사용기법 겉뜨기, 안뜨기, M1R, M1L, M1R(안), M1L(안), K2TOG, SKP, SSK

뒤판 상단 뜨기

코 잡기 5mm 대바늘에 28코 일반 코 잡기

셋업단 안뜨기로 1단 뜨기
1단(겉면) 겉1, M1L, 마지막 1코 전까지 겉뜨기, M1R, 겉1
2단(안면) 안1, M1L(안), 마지막 1코 전까지 안뜨기, M1R(안), 안1

1-2단을 총 8(8)8(9)9번 반복합니다.

▶ 바늘에 걸린 코 = 60(60)60(64)64코 *32(32)32(36)36코 증가

실을 끊고 그대로 코를 쉬게 둔 후 앞판 어깨를 작업합니다.

앞판 뜨기

(입었을 때) 오른쪽 어깨

뒤판의 겉면을 바라보고 5mm 바늘로 오른쪽 어깨 코를 주워줍니다.
암홀 끝부분 → 목 방향으로 17(17)17(19)19코를 줍습니다.

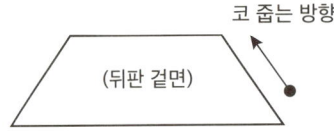

셋업단 안뜨기로 1단 뜨기
1단(겉면) 끝까지 겉뜨기
2단(안면) 끝까지 안뜨기

1-2단을 8(8)8(9)9번 반복합니다. 실을 끊고 왼쪽 어깨를 뜰 동안 코를 쉬게 둡니다.
셋업단을 포함해 총 17(17)17(19)19단을 뜬 상태입니다.

(입었을 때) 왼쪽 어깨

뒤판의 겉면을 바라보고 5mm 바늘로 왼쪽 어깨 코를 주워줍니다.
목 → 암홀 끝 방향으로 17(17)17(19)19코를 줍습니다.

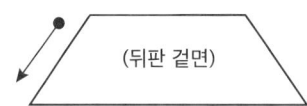

코 줍는 방향

(뒤판 겉면)

셋업단 안뜨기로 1단 뜨기
1단(겉면) 끝까지 겉뜨기
2단(안면) 끝까지 안뜨기

1-2단을 8(8)8(9)9번 반복합니다. 셋업단을 포함해서 총 17(17)17(19)19단이 떠진 상태입니다. 실을 끊지 않고 다음 단계로 넘어갑니다.

요크 & 넥 라인 만들기

이제 다음 단계를 진행하면서 지금까지 뜬 앞판과 뒤판 코를 하나의 바늘에 옮기고 몸판과 소매를 같이 뜰 차례입니다.
뜨는 순서는 입었을 때 왼쪽 앞판 → 왼쪽 소매 → 뒤판 → 오른쪽 소매 → 오른쪽 앞판 입니다.

다음과 같이 진행하며 '/' 표시마다 마커를 걸어줍니다.

1단(겉면) 왼쪽 앞판 2코 남을 때까지 겉뜨기, SKP / 왼쪽 소매 15(15)15(17)17코 줍기(5코 줍고 1코 건너뛰고를 반복하며 줍기) / (이제 뒤판 코로 넘어가기), K2TOG, 뒤판 마지막 2코 남을 때까지 겉뜨기, SKP / 오른쪽 소매 15(15)15(17)17코 줍기(5코 줍고 1코 건너뛰고를 반복하며 줍기) / (이제 오른쪽 앞판 코로 넘어가기), K2TOG, 끝까지 겉뜨기
2단(안면) 끝까지 안뜨기

▶ 바늘에 걸린 코 = 16(16)16(18)18(왼쪽 앞판) / 15(15)15(17)17(왼쪽 소매) / 58(58)58(62)62(뒤판) / 15(15)15(17)17(오른쪽 소매) / 16(16)16(18)18(오른쪽 앞판)
⇒ 총 콧수 120(120)120(132)132코

계속해서 평면으로 작업하며 넥 라인과 소매 코 늘림을 진행합니다.
다음과 같이 진행하며 '/' 표시마다 마커를 넘겨줍니다.

1단(겉면) 겉1, M1L, 마커까지 모두 겉뜨기 / M1L, 마커까지 왼쪽 소매 코 모두 겉뜨기,

M1R / 마커까지 뒤판 코 모두 겉뜨기 / M1L, 마커까지 오른쪽 소매 코 모두 겉뜨기, M1R / 마지막 1코 전까지 겉뜨기, M1R, 겉1
2단(안면) 끝까지 안뜨기

1-2단을 총 4번 반복합니다.

▶ 바늘에 걸린 코 = 20(20)20(22)22(왼쪽 앞판) / 23(23)23(25)25(왼쪽 소매) / 58(58)58(62)62(뒤판) / 23(23)23(25)25(오른쪽 소매) / 20(20)20(22)22(오른쪽 앞판)
⇒ 총 144(144)144(156)156코

이어서 다음과 같이 작업합니다.

9단(겉면) 겉1, M1L, 마커까지 모두 겉뜨기 / M1L, 마커까지 왼쪽 소매 코 모두 겉뜨기, M1R / 마커까지 뒤판 코 모두 겉뜨기 / M1L, 마커까지 오른쪽 소매 코 모두 겉뜨기, M1R / 마지막 1코 전까지 겉뜨기, M1R, 겉1, 오른쪽 앞판에 감아코 5코 만들기
10단(안면) 끝까지 안뜨기, 왼쪽 앞판에 감아코 5코 만들기
11단(겉면) 마커까지 모두 겉뜨기 / M1L, 마커까지 왼쪽 소매 코 모두 겉뜨기, M1R / 마커까지 뒤판 코 모두 겉뜨기 / M1L, 마커까지 오른쪽 소매 코 모두 겉뜨기, M1R / 끝까지 겉뜨기
12단(안면) 끝까지 안뜨기
13단(겉면) 겉1, M1L, 마커까지 모두 겉뜨기 / M1L, 마커까지 왼쪽 소매 코 모두 겉뜨기, M1R / 마커까지 뒤판 코 모두 겉뜨기 / M1L, 마커까지 오른쪽 소매 코 모두 겉뜨기, M1R / 마지막 1코 전까지 겉뜨기, M1R, 겉1
14단(안면) 끝까지 안뜨기
15단(겉면) 마커까지 모두 겉뜨기 / M1L, 마커까지 왼쪽 소매 코 모두 겉뜨기, M1R / 마커까지 뒤판 코 모두 겉뜨기 / M1L, 마커까지 오른쪽 소매 코 모두 겉뜨기, M1R / 끝까지 겉뜨기
16단(안면) 끝까지 안뜨기

13-16단을 총 3(3)2(2)1번 반복합니다.

▶ 바늘에 걸린 코 = 29(29)28(30)29(왼쪽 앞판) / 39(39)35(37)33(왼쪽 소매) / 58(58)58(62)62(뒤판) / 39(39)35(37)33(오른쪽 소매) / 29(29)28(30)29(오른쪽 앞판)
⇒ 총 194(194)184(196)186코

래글런 늘리기

이제 넥 라인을 작업하면서 몸통과 소매를 동시에 늘려 래글런 늘림을 진행합니다. 해당 사이즈를 찾아 진행해주세요.

[1-2 사이즈]

다음과 같이 진행하며 '/' 표시마다 마커를 넘겨줍니다.

1단(겉면) 겉1, M1L, 마커 2코 전까지 겉뜨기, M1R, 겉2 / M1L, 마커까지 왼쪽 소매 코 모두 겉뜨기, M1R / 겉2, M1L, 마커 2코 전까지 겉뜨기, M1R, 겉2 / M1L, 마커까지 오른쪽 소매 코 모두 겉뜨기, M1R / 겉2, M1L, 마지막 1코 전까지 겉뜨기, M1R, 겉1
2단(안면) 끝까지 안뜨기
3단(겉면) 마커 2코 전까지 겉뜨기, M1R, 겉2 / M1L, 마커까지 왼쪽 소매 코 모두 겉뜨기, M1R / 겉2, M1L, 마커 2코 전까지 겉뜨기, M1R, 겉2 / M1L, 마커까지 오른쪽 소매 코 모두 겉뜨기, M1R / 겉2, M1L, 끝까지 겉뜨기
4단(안면) 끝까지 안뜨기

3-4단을 총 4(6)번 반복합니다. 래글런 늘림이 5(7)번 진행된 상태입니다.

▶ 바늘에 걸린 코 = 35(37)(왼쪽 앞판) / 49(53)(왼쪽 소매) / 68(72)(뒤판) / 49(53)(오른쪽 소매) / 35(37)(오른쪽 앞판)
⇒ 총 236(252)코

래글런 늘림이 모두 끝났습니다. 소매 분리 파트로 넘어가 다음 단계를 진행해주세요.

[3-5 사이즈]

다음과 같이 진행하며 '/' 표시마다 마커를 넘겨줍니다.

1단(겉면) 겉1, M1L, 마커 2코 전까지 겉뜨기, M1R, 겉2 / M1L, 마커까지 왼쪽 소매 코 모두 겉뜨기, M1R / 겉2, M1L, 마커 2코 전까지 겉뜨기, M1R, 겉2 / M1L, 마커까지 오른쪽 소매 코 모두 겉뜨기, M1R / 겉2, M1L, 마지막 1코 전까지 겉뜨기, M1R, 겉1
2단(안면) 끝까지 안뜨기
3단(겉면) 마커 2코 전까지 겉뜨기, M1R, 겉2 / M1L, 마커까지 왼쪽 소매 코 모두 겉뜨기, M1R / 겉2, M1L, 마커 2코 전까지, M1R, 겉2 / M1L, 마커까지 오른쪽 소매 코 모두

겉뜨기, M1R / 겉2, M1L, 끝까지 겉뜨기

4단(안면) 끝까지 안뜨기

1-4단을 총 2(2)3번 반복합니다.
넥 라인을 모두 만들며 래글런 늘림이 4(4)6번 진행된 상태입니다.

▶ 바늘에 걸린 코 = 34(36)38(왼쪽 앞판) / 43(45)45(왼쪽 소매) / 66(70)74(뒤판) / 43(45)45(오른쪽 소매) / 34(36)38(오른쪽 앞판)
⇒ 총 220(232)240코

이제 몸통과 소매 부분에만 늘림이 들어갑니다.

1단(겉면) 마커 2코 전까지 겉뜨기, M1R, 겉2 / M1L, 마커까지 왼쪽 소매 코 모두 겉뜨기, M1R, 겉2, M1L, 마커 2코 전까지 겉뜨기, M1R, 겉2 / M1L, 마커까지 오른쪽 소매 코 모두 겉뜨기, M1R, 겉2, M1L, 끝까지 겉뜨기
2단(안면) 끝까지 안뜨기

1-2단을 총 5(6)6번 반복합니다.

▶ 바늘에 걸린 코 = 왼쪽 앞판 39(42)44 / 왼쪽 소매 53(57)57 / 뒤판 76(82)86 / 오른쪽 소매 53(57)57 / 오늘쪽 앞판 39(42)44
⇒ 총 260(280)288코

래글런 늘림이 모두 끝났습니다. 소매 분리 파트로 넘어가 다음 단계를 진행해주세요.

소매 분리하기

소매 코는 별실이나 여분의 케이블에 옮겨둡니다.
이어서 몸판만 평면뜨기로 작업합니다.
다음과 같이 뜨며 몸판 코와 소매 코를 분리해주세요.

마커 전까지 앞판 코 모두 겉뜨기, 마커 제거, 소매 49(53)53(57)57코 별실이나 여분의 케이블에 옮기기, 마커 제거, 감아코 8(8)10(10)12코 만들기, 마커 전까지 뒤판 코 모두 겉뜨기, 마커 제거, 소매 49(53)53(57)57코 별실이나 여분의 케이블에 옮기기, 마커 제거, 감아코 8(8)10(10)12코 만들기, 끝까지 겉뜨기

▶ 바늘에 걸린 코 = 154(162)174(186)198코

몸통 뜨기

계속해서 메리야스 평면뜨기를 진행합니다. 뒷목 중앙 지점에서부터 밑단 끝자락까지 58cm, 혹은 원하는 길이가 될 때까지 쭉 뜹니다.

몸통을 원하는 길이만큼 다 뜬 후에는 덮어씌워 코막음합니다.

그림과 같이 앞섶 중앙부분에 원하는 만큼 세로잇기로 연결합니다.

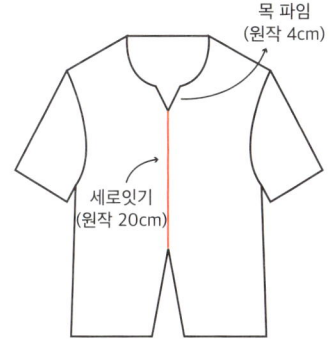

소매 뜨기

별실에 옮겨둔 소매 코를 다시 5mm 바늘에 끼워줍니다.
언더암에 감아코로 코를 만들어준 부분에서 8(8)10(10)12코를 주워줍니다.

▶ 바늘에 걸린 코 = 57(61)63(67)69코

소매는 원통뜨기로 진행됩니다.
• 원통의 시작점은 감아코 부분에서 코를 주운 부분의 중간입니다.
시작점에 시작마커를 걸어주세요.

모두 겉뜨기로 뜨며 14(14)14(12)12단마다 2코씩 총 7(7)7(8)8번 줄임이 들어갑니다.

줄임단 겉1, K2TOG, 시작마커 3코 전까지 모두 겉뜨기, SSK, 겉1

소매 줄임이 모두 끝났습니다.

▶ 바늘에 걸린 코 = 43(47)49(51)53코

메리야스뜨기로 12(12)12(11)13단을 더 떠준 후 덮어씌워 코막음합니다.

Tip
• 반팔로 변형할 때는 소매 코를 모두 주운 후 줄임 없이 평단으로 계속해서 15(15)15(13)13단 뜬 후 덮어씌워 코막음합니다

하이 노르딕 카디건

참고사항 & 영상

눈 덮인 북극의 풍경을 닮은 노르딕 스타일 카디건입니다.
포슬포슬 기모감이 느껴지는 실로 포근한 질감을 살렸습니다. 별실코로 기초코를 만든 후
몸통과 소매를 조각조각 떠서 연결하는 바텀업 방식의 니트입니다.
원작은 살짝 짧은 크롭 기장이지만, 메리야스 단을 도안보다 길게 떠서 길이를 조절해도 좋습니다.
단추를 모두 잠그면 하이넥 형태로 따뜻하게 착용할 수 있고, 위쪽 단추를 한두 개 정도 풀면
칼라처럼 연출할 수 있어 다양한 스타일링이 가능합니다.

사이즈(cm) & 실 소요량(볼)

사이즈	FREE
가슴둘레	110
옷 길이	42
실 소요량(내추럴화이트)	7
실 소요량(다크브라운)	2
실 소요량(마린)	2
실 소요량(무궁화)	1

게이지 4mm 21코 29단
바늘 4mm(메인), 3.5mm(고무단), 모사용 코바늘 7호(코 잡기용) / 케이블 80cm
실 '낙양모사' 겨울정원-92내추럴화이트(메인)+86다크브라운(1번 배색)+83마린(2번 배색)+76 무궁화(3번 배색)
단추 지름 20mm 6개
사용기법 겉뜨기, 안뜨기, M1R, M1L, TURN, DS

앞판 & 뒤판 뜨기

별도 사슬코를 이용한 기초코 잡기 방식으로 시작합니다.

코 잡기 모사용 코바늘 7호로 뒤판은 119코, 앞판은 55코의 별도 사슬코 만들기

사슬코 잡기

메인 실을 가져와 4mm 대바늘로 사슬의 콧등에서 코를 주워줍니다.

셋업단 안뜨기로 1단 뜨기
1단(겉면) 모두 겉뜨기
2단(안면) 모두 안뜨기

1-2단을 반복하며 메리야스뜨기로 30단을 뜹니다.
• 이 도안은 크롭 기장이니, 길이를 연장하고 싶다면 여기서 메리야스 단을 추가합니다.

이제 배색에 들어갈 차례입니다.
차트 도안을 보며 끝까지 작업 후 어깨 코는 별실이나 어깨핀에 걸어둡니다.
3.5mm 대바늘로 기초코를 만든 부분에서 코를 줍고 별실은 풀어냅니다.
이어서 새 실을 가져와 다음과 같이 고무단을 뜹니다.

(입었을 때) 뒤판 고무단

• 뒤판 시작코가 홀수이므로, 고무단 무늬를 맞추기 위해 중간에서 임의로 1코를 줄여 줍니다.
1단(겉면) (겉2, 안2) × 마지막 2코 남을 때까지 반복, 겉2
2단(안면) (안2, 겉2) × 마지막 2코 남을 때까지 반복, 안2

1-2단을 반복하며 16단을 뜬 후 돗바늘로 코막음하여 마무리합니다.

(입었을 때) 오른쪽 앞판 고무단

1단(겉면) (겉2, 안2) × 마지막 3코 남을 때까지 반복, 겉3
2단(안면) 안3, (겉2, 안2) × 끝까지 반복

1-2단을 반복하며 16단을 뜬 후 돗바늘로 코막음하여 마무리합니다

(입었을 때) 왼쪽 앞판 고무단

1단(겉면) 겉3, (안2, 겉2) × 끝까지 반복
2단(안면) (안2, 겉2) × 마지막 3코 남을 때까지 반복, 안3

1-2단을 반복하며 16단 뜬 후 돗바늘로 코막음하여 마무리합니다.

몸판 연결하기

앞판, 뒤판의 어깨 코는 대바늘 3개로 코막음하는 기법인 3needle bind off로 연결합니다. *117쪽 영상 참고
옆선은 마커로 표시한 부분까지 세로잇기로 연결합니다.

소매 뜨기

코 잡기 모사용 코바늘 7호로 별도 사슬코 67코 만들기

메인 실을 가져와 4mm 대바늘로 사슬의 콧등에서 코를 줍습니다.
안뜨기로 셋업단 1단을 뜬 후 소매 차트를 보며 끝까지 작업합니다.

3.5mm 대바늘로 기초코를 만든 부분에서 코를 줍고 별실은 풀어냅니다.
새 실을 가져와 겉뜨기 2코로 시작해 겉뜨기 2코로 끝나는 2코 고무단을 12단 뜹니다.
• 소매 시작코가 홀수이므로 고무단 무늬를 맞추기 위해 중간에서 임의로 1코를 줄여줍니다.

그 다음, 3번 배색실(무궁화)로 실을 교체해 2단을 뜨고, 1번 배색실(다크브라운)로 교체해 2단을 더 뜹니다.
즉, 고무단을 총 16단 뜬 후 돗바늘 마무리하고, 소매 옆선을 세로잇기로 연결합니다.

몸판 & 소매 연결하기

몸판과 소매를 코와 단 잇기로 연결합니다.
이때 코와 단의 게이지가 일대일로 대응하지 않기 때문에 유동적으로 연결 콧수를 조절하며 연결합니다. *오른쪽 영상 참고

코와 단 잇기로
연결하기

목둘레 뜨기

3.5mm 바늘로 목둘레 96코를 줍습니다.
- 목둘레 콧수는 도안과 정확하게 일치하지 않아도 되지만, 꼭 4의 배수로 맞춰주세요.

1단(안면) 안3, (겉2, 안2) × 마지막 1코 남을 때까지 반복, 안1
2단(겉면) 겉3, (안2, 겉2) × 마지막 1코 남을 때까지 반복, 겉1

1-2단을 총 74단이 될 때까지 반복한 후 안면을 뜰 차례에서 덮어씌워 코막음합니다. 실을 여유 있게 남기고 끊어준 후 편물을 안쪽으로 접어 돗바늘로 감침질하여 마무리합니다. *오른쪽 영상 참고

겹단 감침질

버튼밴드 뜨기

(입었을 때) 오른쪽 버튼밴드

3.5mm 바늘로 밑단 → 목 방향으로 코를 줍습니다.
5코 줍고 1코 건너뛰고를 반복하여 총 124코 줍습니다.
- 주운 콧수는 도안과 정확하게 일치하지 않아도 되지만, 꼭 4의 배수로 맞춰주세요.

목 부분 코를 주울 때는 겹단의 양쪽 편물을 함께 잡고, 두 겹을 한 번에 떠올리듯 코를 줍습니다. 즉, 바늘이 겹단의 앞면과 뒷면을 한 번에 통과하도록 찔러 넣어 코를 떠 올립니다.
단추 위치를 잡고 전구 마커로 표시합니다.

1단(안면) 안3, (겉2, 안2) × 마지막 1코 남을 때까지 반복, 안1
2단(겉면) 겉3, (안2, 겉2) × 마지막 1코 남을 때까지 반복, 겉1
3단(안면) 1단과 동일하게 뜨기
4단(겉면) 무늬에 맞춰 2코 고무뜨기를 뜨다가 단춧구멍 위치에 오면 3코 덮어씌워 코막음하기 *오른쪽 영상 참고
5단(안면) 무늬에 맞춰 고무뜨기를 뜨다가 코막음한 위치에 오면 감아코 3개를 만들기
6단(겉면) 2단과 동일하게 뜨기
7단(안면) 1단과 동일하게 뜨기
8단(겉면) 2단과 동일하게 뜨기
9단(안면) 3번 배색실(무궁화)로 실을 교체 후 1단과 동일하게 뜨기
10단(겉면) 교체한 실로 2단과 동일하게 뜨기
11단(안면) 1번 배색실(다크브라운)로 실을 교체 후 1단과 동일하게 뜨기
12단(겉면) 교체한 실로 2단과 동일하게 뜨기

단춧구멍

13단(안면) 1단과 동일하게 뜨기
14단(겉면) 돗바늘로 코막음하여 마무리하기

(입었을 때) 왼쪽 버튼밴드

3.5mm 바늘로 목 → 밑단 방향으로 코를 줍습니다.
오른쪽 버튼밴드에서 단춧구멍을 만든 구간을 제외하고, 동일한 방법으로 겉뜨기 3코로 시작해 겉뜨기 3코로 끝나는 2코 고무단을 뜬 후 마무리합니다.

뒤판 차트

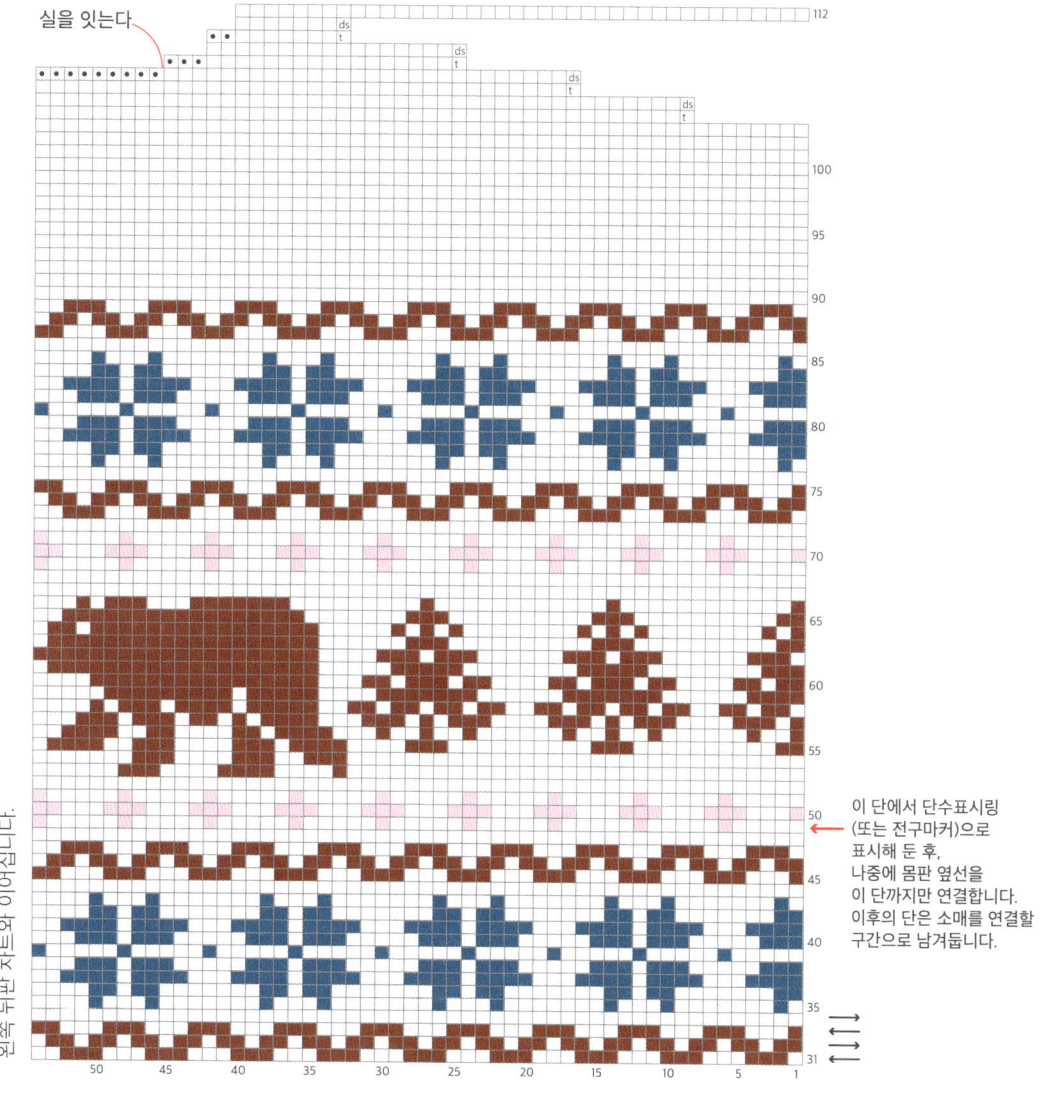

123

(입었을 때) 오른쪽 앞판 차트

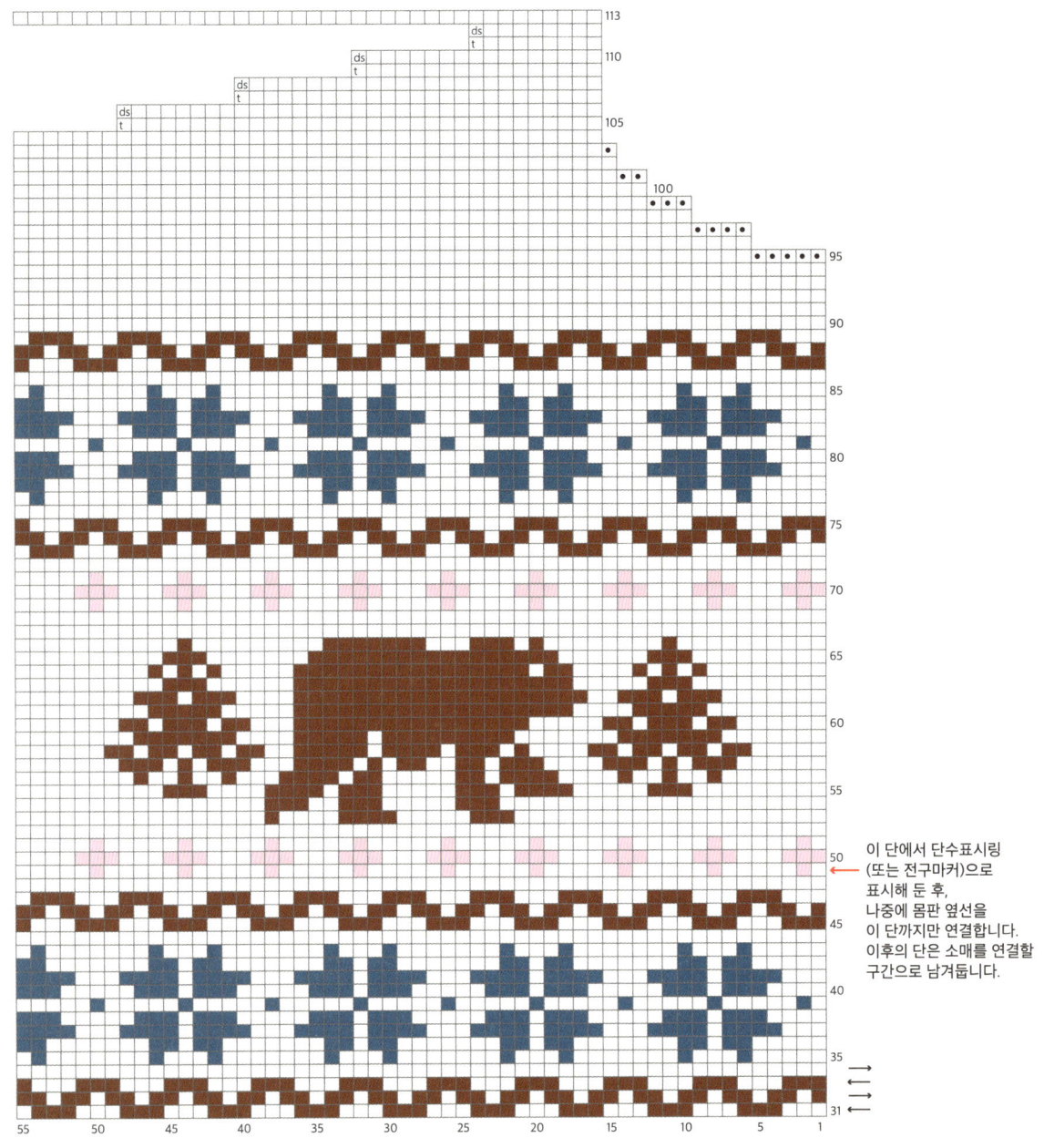

t	= TURN(턴)
ds	= 더블스티치 만들기
●	= 덮어씌워 코막음

(입었을 때) 왼쪽 앞판 차트

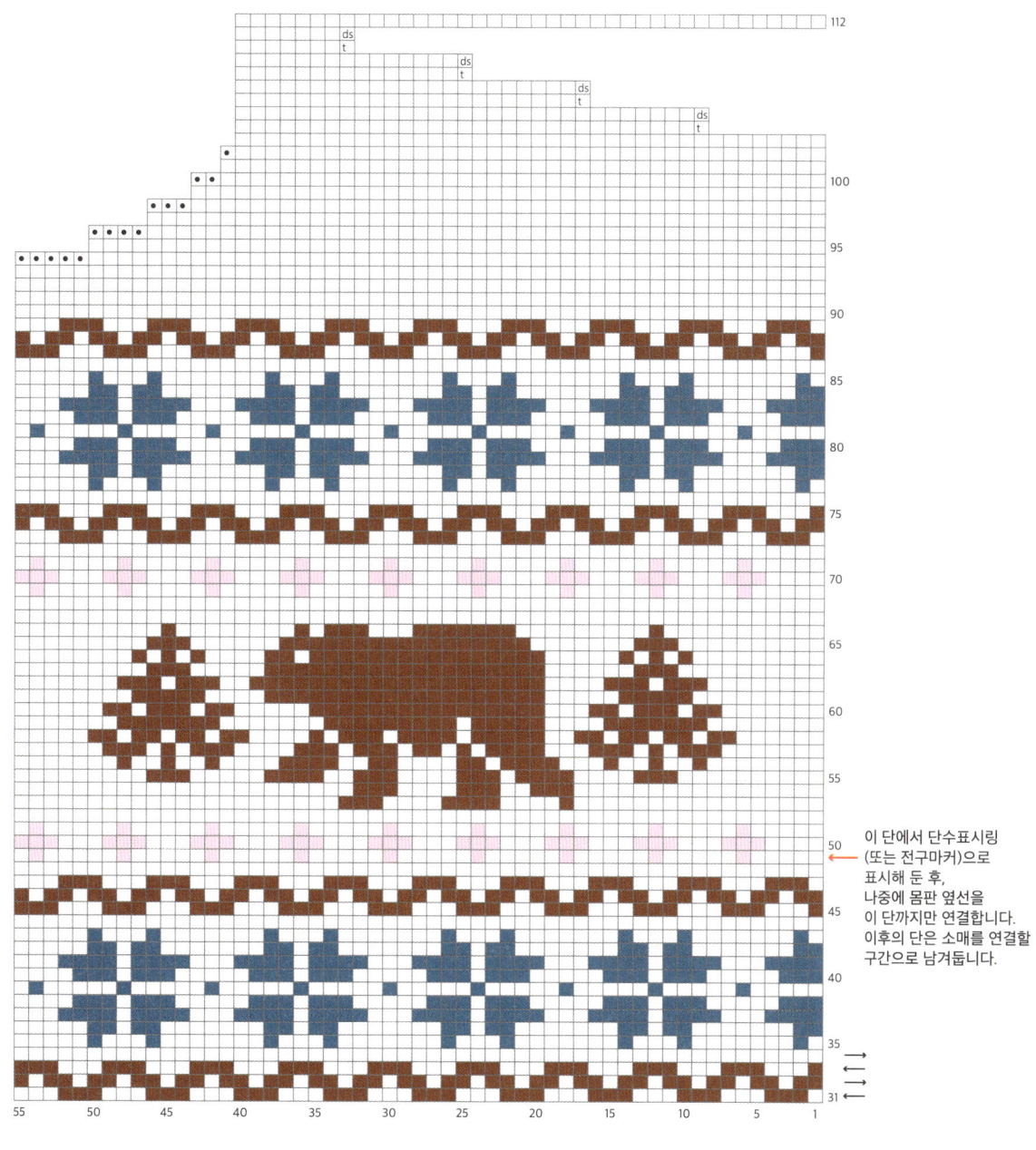

t = TURN(턴)
ds = 더블스티치 만들기
● = 덮어씌워 코막음

소매 차트

85코 덮어씌워 코막음

L = M1L
R = M1R
● = 덮어씌워 코막음

퓨어 퍼프 니트

참고사항 & 영상

퓨어 퍼프 니트는 단정한 실루엣 속에 봉긋한 퍼프 소매가 포인트인 상의입니다.
스퀘어넥의 클래식한 매력부터 하이넥의 포근한 무드까지,
하나의 도안으로 두 가지 스타일을 즐길 수 있습니다. 탑다운 방식으로 진행되며,
어깨 라인을 만드는 과정에서 정교한 핏을 위해 여러 개의 케이블과 바늘을 사용합니다.
이 부분이 초보자에게는 다소 복잡하게 느껴질 수 있지만, 사진과 QR코드 속 영상을
차근차근 따라가다 보면 충분히 완성할 수 있는 난이도 입니다.

사이즈(cm) & 실 소요량(볼)

사이즈	1	2★	3	4	5	6
가슴둘레	90	95	100	105	110	115
기장	46	46	48	50	50	52
소매길이	28	30	31	31	31	32
소매둘레	45	48	49	54	54	55
실 소요량(아임울2)	5	6	6	6	7	7
실 소요량(어울림)	2	2	2	3	3	3

게이지 4mm 24코 33단
바늘 4mm(메인), 3.5mm(소매+몸통 고무단), 3mm(목둘레) / 케이블 40+60+80cm
실 ① 라운드 하이넥(모카): '낙양모사' 아임울2-182 커피(1합)+어울림-904커피(1합)
② 스퀘어넥(블랙): '낙양모사' 아임울2-188 검정(1합)+어울림-908 검정(1합)
사용기법 겉뜨기, 안뜨기, M1L, M1R, M1RP, TURN, DS, SKP, K2TOG, KFB, P2TOG

뒤판 뜨기

(입었을 때) 오른쪽 어깨

코 잡기 4mm 대바늘에 19(21)21(21)23(23)코 일반 코잡기

셋업단 안뜨기로 1단 뜨기
1단 겉1, M1L, 4(5)5(5)5(5)코 겉뜨기, TURN
2단 DS코 만들기, 끝까지 안뜨기
3단 겉1, M1L, DS코 전까지 겉뜨기, DS코 한 번에 겉뜨기, 5(5)5(5)6(6)코 겉뜨기, TURN
4단 DS코 만들기, 끝까지 안뜨기

3-4단을 한 번 더 반복합니다. 3코가 늘어난 상태입니다.

▶ 바늘에 걸린 코 = 22(24)24(24)26(26) (DS코는 1코로 셈)

실을 끊고 오른쪽 어깨 코를 잠시 그대로 쉬게 둡니다.

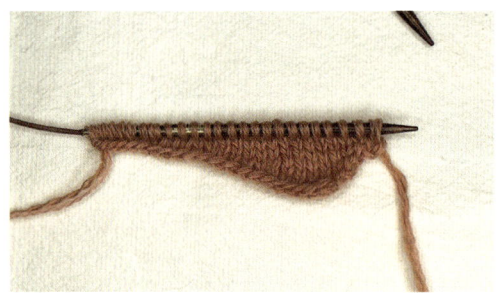

오른쪽 어깨 완성

(입었을 때) 왼쪽 어깨

코 잡기 4mm 대바늘에 19(21)21(21)23(23)코 일반 코 잡기

셋업단 겉뜨기로 1단 뜨기
1단 안1, M1RP, 4(5)5(5)5(5)코 안뜨기, TURN
2단 DS코 만들기, 끝까지 겉뜨기
3단 안1, M1RP, DS코 전까지 안뜨기, DS코 한 번에 안뜨기, 5(5)5(5)6(6)코 안뜨기, TURN

4단 DS코 만들기, 끝까지 겉뜨기

3-4단을 한 번 더 반복합니다. 3코가 늘어난 상태입니다.

▶ 바늘에 걸린 코 = 22(24)24(24)26(26)코 (DS코는 1코로 셈)

왼쪽 어깨 완성

뒤판: 양쪽 어깨 연결하기

(입었을 때) 왼쪽 어깨를 뜨던 실로 이어서 감아코 34(34)34(36)36(38)코를 만듭니다.
쉬고 있던 오른쪽 어깨 편물을 가져와 이어서 끝까지 겉뜨기로 뜹니다.
DS코는 한 번에 뜹니다.

다음은 안면을 뜰 차례입니다.
메리야스뜨기로 총 5(5)5(7)7(7)단을 뜹니다.
겉면을 뜰 차례에서 멈춘 후 실을 끊습니다.

▶ 바늘에 걸린 코 = 78(82)82(84)88(90)코

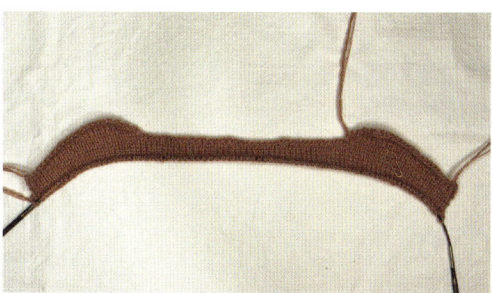

양쪽 어깨 연결

앞판 뜨기

(입었을 때) 오른쪽 어깨

뒤판의 겉면을 바라보고 4mm 바늘로 어깨 부분에서 19(21)21(21)23(23)코를 주워줍니다. 코를 줍는 방향은 암홀 끝부분 → 목 방향입니다.

셋업단 안뜨기로 1단 뜨기
1단 끝까지 겉뜨기
2단 5(6)6(6)6(6)코 안뜨기, TURN
3단 DS코 만들기, 끝까지 겉뜨기
4단 DS코 전까지 안뜨기, DS코 한 번에 안뜨기, 5(5)5(5)6(6)코 안뜨기, TURN
5단 DS코 만들기, 끝까지 겉뜨기

4-5단을 한 번 더 반복합니다.

다음은 안면을 뜰 차례입니다.
메리야스뜨기로 총 5(5)5(7)7(7)단을 뜹니다.
겉면을 뜰 차례에서 끝낸 후 실을 끊고 코를 잠시 그대로 쉬게 둡니다.

앞판 오른쪽 어깨 완성

(입었을 때) 왼쪽 어깨

뒤판의 겉면을 바라보고 4mm 바늘로 어깨 부분에서 19(21)21(21)23(23)코를 주워줍니다. 코를 줍는 방향은 목 → 암홀 끝부분 방향입니다.

셋업단 안뜨기로 1단 뜨기
1단 5(6)6(6)6(6)코 겉뜨기, TURN
2단 DS코 만들기, 끝까지 안뜨기

3단 DS코 전까지 겉뜨기, DS코 한 번에 겉뜨기, 5(5)5(5)6(6)코 겉뜨기, TURN
4단 DS코 만들기, 끝까지 안뜨기

3-4단을 1번 더 반복합니다.

다음은 겉면을 뜰 차례입니다.
메리야스뜨기로 총 6(6)6(8)8(8)단을 뜨고 겉면을 뜰 차례에서 끝냅니다.

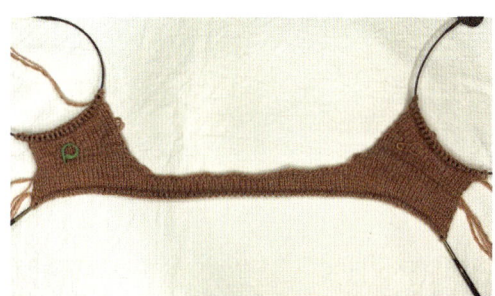

앞판 왼쪽 어깨까지 완성

이제 다음 단계를 진행하면서 지금까지 뜬 앞판과 뒤판 코를 하나의 바늘에 옮기고 몸판과 소매를 같이 뜰 차례입니다.
뜨는 순서는 입었을 때 왼쪽 앞판 → 왼쪽 소매 → 뒤판 → 오른쪽 소매 → 오른쪽 앞판입니다.

이제 라운드 하이넥과 스퀘어넥 중 원하는 넥 라인을 찾아 진행합니다.

넥 라인 만들기 선택 ① 라운드 하이넥

다음과 같이 진행하며 '/' 표시마다 마커를 걸어줍니다.

1단 겉1, M1L, 왼쪽 앞판 2코 남을 때까지 겉뜨기, SKP, / 왼쪽 소매 14(14)14(18)18(18)코 줍기(1단에 1코씩 줍기) / (이제 뒤판 코로 넘어가기), K2TOG, 뒤판 마지막 2코 남을 때까지 겉뜨기, SKP / 오른쪽 소매 14(14)14(18)18(18)코 줍기 / (이제 오른쪽 어깨 코로 넘어가기), K2TOG, 마지막 1코 남을 때까지 겉뜨기, M1R, 겉1
2단 끝까지 안뜨기

▶ 바늘에 걸린 코 = 19(21)21(21)23(23) / 14(14)14(18)18(18) / 76(80)80(82)86(88) / 14(14)14(18)18(18) / 19(21)21(21)23(23)

⇒ 총 142(150)150(160)168(170)코

이제 목 부분을 늘리는 동시에 소매산에 코 늘림을 주면서 퍼프를 만들어줍니다.
다음과 같이 진행하며 '/' 표시마다 마커를 넘겨줍니다.

1단 겉1, M1L, 마커 전까지 겉뜨기 / M1L, (KFB, M1R) × 소매 코 끝까지 반복 / 뒤판 모두 겉뜨기 / M1L, (KFB, M1R) × 소매 코 끝까지 반복 / 마지막 1코 남을 때까지 겉뜨기, M1R, 겉1
2단 끝까지 안뜨기

▶ 바늘에 걸린 코 = 왼쪽 앞판 20(22)22(22)24(24) / 왼쪽 소매 43(43)43(55)55(55) / 뒤판 76(80)80(82)86(88) / 오른쪽 소매 43(43)43(55)55(55) / 오른쪽 앞판 20(22)22(22)24(24)
⇒ 총 202(210)210(236)244(246)코

다음과 같이 계속해서 평면으로 뜨며 소매와 목 부분 늘림을 진행합니다.

1단 겉1, M1L, 마커까지 겉뜨기 / M1L, 마커까지 왼쪽 소매 모두 겉뜨기, M1R / 마커까지 뒤판 모두 겉뜨기 / M1L, 마커까지 오른쪽 소매 모두 겉뜨기, M1R / 마지막 1코 남을 때까지 겉뜨기, M1R, 겉1
2단 끝까지 안뜨기

1-2단을 총 4(4)4(4)4(5)번 반복합니다.

▶ 바늘에 걸린 코 = 24(26)26(26)28(29) / 51(51)51(63)63(65) / 76(80)80(82)86(88) / 51(51)51(63)63(65) / 24(26)26(26)28(29)
⇒ 총 226(234)234(260)268(276)코

다음 단부터 원통으로 연결하며 모두 원통뜨기로 진행합니다.

1단 겉1, M1L, 마커까지 겉뜨기 / M1L, 마커까지 왼쪽 소매 모두 겉뜨기, M1R / 마커까지 뒤판 모두 겉뜨기 / M1L, 마커까지 오른쪽 소매 모두 겉뜨기, M1R / 마지막 1코 남을 때까지 겉뜨기, M1R, 겉1, 감아코로 26(26)26(28)28(28)코 만들기, 원통으로 연결하여 왼쪽 소매 마커까지 겉뜨기 • 이제부터 이 마커가 원통의 시작점이 됩니다.

원통뜨기로 겉뜨기 1단을 뜹니다.

▶ 바늘에 걸린 코 = 왼쪽 소매 53(53)53(65)65(67) / 뒤판 76(80)80(82)86(88) / 오른쪽소매 53(53)53(65)65(67) / 앞판 76(80)80(82)86(88)
⇒ 총 205(266)266(294)302(310)코

이제 소매 부분에서 2단에 한 번씩 코 늘림을 하며 원통뜨기로 떠 내려갑니다.

1단 M1L, 마커까지 왼쪽 소매 모두 겉뜨기, M1R / 마커까지 뒤판 모두 겉뜨기 / M1L, 마커까지 오른쪽 소매 모두 겉뜨기, M1R / 시작마커까지 앞판 모두 겉뜨기(4코 증가)
2단 모두 겉뜨기

1-2단을 총 12(14)12(10)9(8)번 반복합니다.

▶ 바늘에 걸린 코 = 77(81)77(85)83(83) / 76(80)80(82)86(88) / 77(81)77(85)83(83) / 76(80)80(82)86(88)
⇒ 총 306(322)314(334)338(342)

이제 래글런 늘리기(139쪽)로 이동해 몸통과 소매를 동시에 늘리며 래글런 늘림을 진행합니다.

넥 라인 만들기 선택 ② 스퀘어넥

다음과 같이 진행하며 '/' 표시마다 마커를 걸어줍니다.

1단 왼쪽 앞판 2코 남을 때까지 겉뜨기, SKP / 왼쪽 소매 14(14)14(18)18(18)코 줍기(1단에 1코씩 줍기) / (이제 뒤판 코로 넘어가기), K2TOG, 뒤판 마지막 2코 남을 때까지 겉뜨기, SKP / 오른쪽 소매 14(14)14(18)18(18)코 줍기 / (이제 오른쪽 어깨 코로 넘어가기), K2TOG, 끝까지 겉뜨기
2단 끝까지 안뜨기

▶ 바늘에 걸린 코 = 18(20)20(20)22(22) / 14(14)14(18)18(18) / 76(80)80(82)86(88) / 14(14)14(18)18(18) / 18(20)20(20)22(22)
⇒ 총 140(148)148(158)166(168)코

계속해서 평면으로 작업하며 소매산에 코 늘림을 주면서 퍼프를 만들어줍니다.
다음과 같이 진행하며 '/' 표시마다 마커를 넘겨줍니다.

1단 18(20)20(20)22(22)코 겉뜨기 / M1L, (KFB, M1R) × 소매 코 끝까지 반복 / 76(80)80(82)86(88)코 겉뜨기 / M1L, (KFB, M1R) × 소매 코 끝까지 반복 / 18(20)20(20)22(22)코 겉뜨기
2단 끝까지 안뜨기

▶ 바늘에 걸린 코 = 왼쪽 앞판 18(20)20(20)22(22) / 왼쪽 소매 43(43)43(55)55(55) / 뒤판 76(80)80(82)86(88) / 오른쪽 소매 43(43)43(55)55(55) / 오른쪽 앞판 18(20)20(20)22(22)
⇒ 총 198(206)206(232)240(242)코

이제 소매 부분에만 늘림을 주며 다음과 같이 진행합니다.

1단 왼쪽 앞판 모두 겉뜨기 / M1L, 마커까지 왼쪽 소매 모두 겉뜨기, M1R / 마커까지 뒤판 모두 겉뜨기 / M1L, 마커까지 오른쪽 소매 모두 겉뜨기, M1R / 뒤판 모두 겉뜨기
2단 끝까지 안뜨기

1-2단을 총 8번 반복, 즉, 16단을 뜬 후 다음과 같이 진행합니다.

17단 겉1, M1L, 마커까지 겉뜨기 / M1L, 마커까지 왼쪽 소매 모두 겉뜨기, M1R / 마커까지 뒤판 모두 겉뜨기 / M1L, 마커까지 오른쪽 소매 모두 겉뜨기, M1R / 마지막 1코 남을 때까지 겉뜨기, M1R, 겉1
18단 끝까지 안뜨기

▶ 바늘에 걸린 코 = 19(21)21(21)23(23) / 61(61)61(73)73(73) / 76(80)80(82)86(88) / 61(61)61(73)73(73) / 19(21)21(21)23(23)
⇒ 총 236(244)244(270)278(280)코

이제 다음 단부터 원통으로 연결하여 모두 원통뜨기로 진행합니다.

1단 겉1, M1L, 마커까지 겉뜨기 / M1L, 마커까지 왼쪽 소매 모두 겉뜨기, M1R / 마커까지 뒤판 모두 겉뜨기 / M1L, 마커까지 오른쪽 소매 모두 겉뜨기, M1R / 마지막 1코 남을 때까지 겉뜨기, M1R, 겉1, 감아코로 36(36)36(38)38(40)코 만들기, 원통으로 연결하여 왼쪽 소매 마커까지 겉뜨기 • 이제부터 이 마커가 원통의 시작점이 됩니다.

원통뜨기로 겉뜨기 1단을 뜹니다.

▶ 바늘에 걸린 코 = 왼쪽 소매 63(63)63(75)75(75) / 뒤판 76(80)80(82)86(88) / 오른쪽 소매 63(63)63(75)75(75) / 앞판 76(80)80(82)86(88)
⇒ 총 278(286)286(314)322(326)코

이제 소매 부분에서 2단에 한 번씩 코 늘림을 하며 원통뜨기로 떠 내려갑니다.

1단 M1L, 마커까지 왼쪽 소매 모두 겉뜨기, M1R / 마커까지 뒤판 모두 겉뜨기 / M1L, 마커까지 오른쪽 소매 모두 겉뜨기, M1R / 시작마커까지 앞판 모두 겉뜨기(4코 증가)
2단 모두 겉뜨기

1-2단을 총 7(9)7(5)4(4)번 반복합니다.

▶ 바늘에 걸린 코 = 77(81)77(85)83(83) / 76(80)80(82)86(88) / 77(81)77(85)83(83) / 76(80)80(82)86(88)
⇒ 총 306(322)314(334)338(342)코

이제 몸통과 소매를 동시에 늘리며 래글런 늘림을 진행합니다.
래글런 늘림은 두 넥 라인 모두 동일합니다. 하단의 래글런 늘리기를 진행합니다.

래글런 늘리기

다음과 같이 진행하며 '/' 표시마다 마커를 넘겨줍니다.

1단 M1L, 마커까지 왼쪽 소매 모두 겉뜨기, M1R / 겉2, M1L, 마커 2코 전까지 겉뜨기, M1R, 겉2 / M1L, 마커까지 오른쪽 소매 모두 겉뜨기, M1R / 겉2, M1L, 마커 2코 전까지 겉뜨기, M1R, 겉2(8코 증가)
2단 모두 겉뜨기

1-2단을 총 12(13)15(17)18(19)번 반복합니다.

▶ 바늘에 걸린 코 = 101(107)107(119)119(121) / 100(106)110(116)122(126) / 101(107)107(119)119(121) / 100(106)110(116)122(126)
⇒ 총 402(426)434(470)482(494)코

소매 분리하기

이제 소매 코는 별실이나 여분의 케이블에 옮겨두고 몸판을 원통뜨기로 작업합니다.

마커 제거, 101(107)107(119)119(121)코 별실이나 여분의 케이블에 옮기기(왼쪽 소매), 마커 제거, 감아코 8(8)10(10)10(12)코 만들기, 100(106)110(116)122(126)코 겉뜨기(뒤판), 마커 제거, 101(107)107(119)119(121)코 별실이나 여분의 케이블에 옮기기(오른쪽 소매), 마커 제거, 감아코 8(8)10(10)10(12)코 만들기, 100(106)110(116)122(126)코 겉뜨기(앞판)
- 감아코로 만든 왼쪽 언더암 중앙에 시작마커를 걸어 원통의 시작점을 표시합니다.

▶ 바늘에 걸린 코 = 216(228)240(252)264(276)코

몸통 뜨기

이제 몸판을 원통뜨기로 쭉 뜨면서 뒷목 중앙에서부터 밑단 끝자락까지 41(41)43(45)45(47)cm, 혹은 입어보며 원하는 길이까지 뜹니다. 몸통을 다 뜬 후 3.5mm 바늘로 교체하고 1코 고무단(겉1, 안1 × 끝까지 반복)으로 5cm를 뜹니다.
고무단이 끝나면 1코 고무단 돗바늘 마무리합니다.

소매 뜨기

별실에 옮겨둔 소매 코 101(107)107(119)119(121)코를 4mm 바늘에 끼웁니다.
언더암 중앙에 새 실을 걸고 4(4)5(5)5(6)코를 줍습니다.
바늘에 걸린 101(107)107(119)119(121)코를 겉뜨기로 뜬 후, 나머지 언더암 4(4)5(5)5(6)코를 줍고 시작마커를 걸어줍니다.

▶ 바늘에 걸린 코 = 109(115)117(129)129(133)코

원통뜨기로 총 16(16)19(19)19(22)단을 뜹니다.
3.5mm 바늘로 교체하고 고무단에 들어가기 전에 모든 코를 2코 모아뜨기(K2TOG)로 줄입니다. 마지막 남은 1코는 겉뜨기로 뜹니다.

▶ 바늘에 걸린 코 = 55(58)59(65)65(67)코

1코 고무뜨기로 5cm를 뜬 후 1코 고무단 돗바늘 마무리합니다.
- 2사이즈를 제외한 나머지 사이즈는 홀수 코이기 때문에 고무단 무늬가 맞지 않습니다. 고무뜨기 첫 단의 마지막 2코를 모아 안뜨기(P2TOG)로 떠서 모양을 맞춥니다.

목둘레 뜨기 선택 ① 라운드 하이넥

3mm 바늘로 총 116(116)116(123)123(129)코를 주워줍니다.

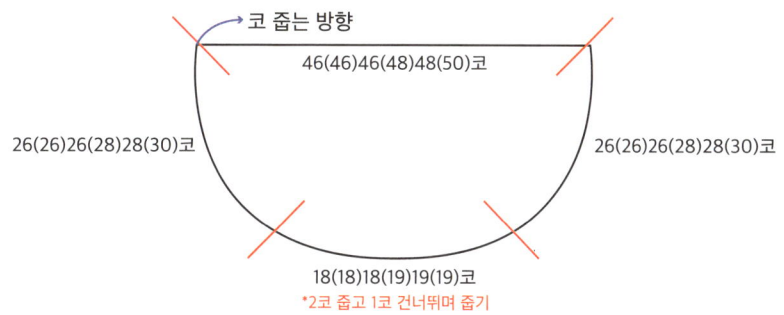

라운드 하이넥은 이중뜨기로 시접을 감추는 기법을 사용합니다.
바늘 두 개로 코를 주워줍니다. 겉면, 안면 각각 메리야스뜨기로 4단을 뜬 후 겹쳐서 연결합니다. *오른쪽 영상 참고

1코 고무뜨기로 총 16단을 뜬 후 1코 고무단 돗바늘 마무리합니다.

이중뜨기 목둘레 마무리

목둘레 뜨기 선택 ② 스퀘어넥

3mm 바늘로 총 138(138)138(144)144(148)코를 주워줍니다.

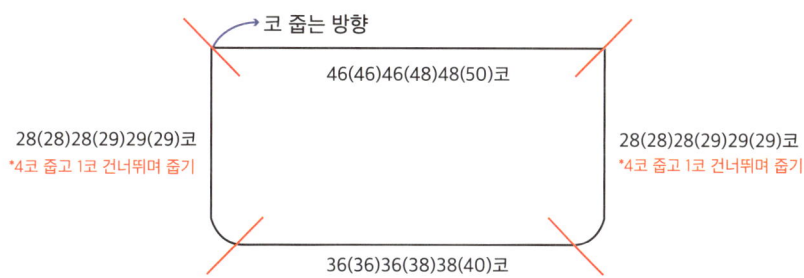

시작마커를 걸고 메리야스뜨기 10단을 뜬 후 안쪽으로 접어 돗바늘 마무리합니다. *오른쪽 영상 참고

스퀘어넥 겹단 마무리

데이오프 스웨터

참고사항 & 영상

데이오프 스웨터는 복잡한 기법은 덜어내고, 가장 기본적인 구성으로 만든 입문자용 탑다운 니트입니다. 불필요한 디테일을 없애고 래글런 특유의 편안한 어깨선으로 착용감을 높였습니다. 부드러운 텍스처와 안정감 있는 핏 덕분에 편안하며 누구에게나 잘 어울립니다. 의류 뜨개 입문용으로 좋은 데이오프 스웨터, 나만의 무드를 더해 사랑스러운 니트를 완성해보세요

사이즈(cm) & 실 소요량(볼)

사이즈	1★	2	3	4	5
가슴둘레	99	105	112	120	130
옷 길이	52	52	56	58	60
실 소요량	8	8	9	10	10

게이지 5mm 19코 26단
바늘 5mm(메인), 4.5mm(고무단), 4mm(목둘레) / 케이블 40+60+80cm
실 '낙양모사' 세븐이지-791 이지핑크
사용기법 겉뜨기, 안뜨기, M1L, M1R, K2TOG, SSK

**넥 라인 만들기
+
래글런 늘리기**

코 잡기 5mm 대바늘에 66(66)68(68)70코 일반 코 잡기

셋업단을 진행하며 '/' 표시마다 마커를 걸어줍니다.

셋업단 안1(앞판) / 안5(래글런) / 안6(소매) / 안5(래글런) / 안32(32)34(34)36(뒤판) / 안5(래글런) / 안6(소매) / 안5(래글런) / 안1(앞판)

다음과 같이 앞목 파임을 만들며 '/' 표시마다 마커를 넘겨줍니다.

1단(겉면) 겉1, M1R / 겉2, 안1, 겉2 / M1L, 마커 전까지 겉뜨기, M1R / 겉2, 안1, 겉2 / M1L, 마커 전까지 겉뜨기, M1R / 겉2, 안1, 겉2 / M1L, 마커 전까지 겉뜨기, M1R / 겉2, 안1, 겉2 / M1L, 겉1
2단(안면) 마커 전까지 안뜨기 / 안2, 겉1, 안2 / 마커 전까지 안뜨기 / 안2, 겉1, 안2 / 마커 전까지 안뜨기 / 안2, 겉1, 안2 / 마커 전까지 안뜨기 / 안2, 겉1, 안2 / 끝까지 안뜨기
3단(겉면) 겉1, M1L, 마커 전까지 겉뜨기, M1R / 겉2, 안1, 겉2 / M1L, 마커 전까지 겉뜨기, M1R / 겉2, 안1, 겉2 / M1L, 마커 전까지 겉뜨기, M1R / 겉2, 안1, 겉2 / M1L, 마커 전까지 겉뜨기, M1R / 겉2, 안1, 겉2 / M1L, 마지막 1코 전까지 겉뜨기, M1R, 겉1
4단(안면) 마커 전까지 안뜨기 / 안2, 겉1, 안2 / 마커 전까지 안뜨기 / 안2, 겉1, 안2 / 마커 전까지 안뜨기 / 안2, 겉1, 안2 / 마커 전까지 안뜨기 / 안2, 겉1, 안2 / 끝까지 안뜨기

3-4단을 총 6(6)7(7)번 반복합니다. 한 번 떴으니 5(5)6(6)번 더 반복하면 됩니다.

▶ 바늘에 걸린 코 = 14(14)16(16)16(왼쪽 앞판) / 5(래글런) / 20(20)22(22)22(소매) / 5(래글런) / 46(46)50(50)52(뒤판) / 5(래글런) / 20(20)22(22)22(소매) / 5(래글런) / 14(14)16(16)16(오른쪽 앞판)

여기까지 앞목 파임을 만든 상태입니다.
다음 단을 뜨며 감아코로 양쪽 앞목을 연결한 후 계속해서 래글런 늘림을 진행합니다.

1단(겉면) 마커 전까지 겉뜨기, M1R / 겉2, 안1, 겉2 / M1L, 마커 전까지 겉뜨기, M1R / 겉2, 안1, 겉2 / M1L, 마커 전까지 겉뜨기, M1R / 겉2, 안1, 겉2 / M1L, 마커 전까지 겉뜨기, M1R / 겉2, 안1, 겉2 / M1L, 끝까지 겉뜨기, 감아코 18(18)18(18)20코 만들기

이제부터는 편물을 뒤집지 않고 겉면만 바라보며 원통뜨기로 진행합니다.

2단(겉면) 왼쪽 앞목 코를 가져와 마커까지 겉뜨기 •이 마커가 원통뜨기의 시작점 /

겉2, 안1, 겉2 / 마커까지 모두 겉뜨기 / 겉2, 안1, 겉2 / 마커까지 모두 겉뜨기 / 겉2, 안1, 겉2 / 마커까지 모두 겉뜨기 / 겉2, 안1, 겉2 / 시작마커 전까지 겉뜨기

3단 M1R / 겉2, 안1, 겉2 / M1L, 마커 전까지 겉뜨기, M1R / 겉2, 안1, 겉2 / M1L, 마커 전까지 겉뜨기, M1R / 겉2, 안1, 겉2 / M1L, 마커 전까지 겉뜨기, M1R / 겉2, 안1, 겉2 / M1L, 시작마커까지 겉뜨기

4단 / 겉2, 안1, 겉2 / 마커까지 모두 겉뜨기 / 겉2, 안1, 겉2 / 마커까지 모두 겉뜨기 / 겉2, 안1, 겉2 / 마커까지 모두 겉뜨기 / 겉2, 안1, 겉2 / 시작마커까지 겉뜨기

3-4단을 총 18(21)21(24)27번 반복합니다.

▶ 바늘에 걸린 코 = 84(90)94(100)108(앞목) / 5(래글런) / 58(64)66(72)78(소매) / 5(래글런) / 84(90)94(100)108(뒷목) / 5(래글런) / 58(64)66(72)78(소매) / 5(래글런)

소매 분리하기

이제 몸통과 소매를 분리할 차례입니다.
소매 코는 별실이나 여분의 케이블에 옮겨두고 이어서 몸통만 원통뜨기로 작업합니다. 다음과 같이 뜨며 몸판 코와 소매 코를 분리해주세요.

마커 넘기기 •이 마커가 시작마커, 겉2, 마커 제거하며 별실이나 여분의 케이블에 64(70)72(78)84코 옮기기(래글런 3코+소매 58(64)66(72)78코+래글런 3코), 감아코 6(6)8(10)12코 만들기, 겉2, 마커 제거, 다음 마커까지 뒤판 코 모두 겉뜨기, 마커 제거, 겉2, 마커 제거하며 별실이나 여분의 케이블에 64(70)72(78)84코 옮기기(래글런 3코+소매 58(64)66(72)78코+래글런 3코), 감아코 6(6)8(10)12코 만들기, 겉2, 마커 제거, 시작마커까지 겉뜨기

▶ 바늘에 걸린 코 = 총 188(200)212(228)248코

몸통 뜨기

계속해서 메리야스 원통뜨기로 작업합니다. 뒷목 중앙부터 쟀을 때 46(46)50(52)54cm, 혹은 입어보며 원하는 길이에서 6cm를 뺀 지점까지 뜹니다.

4.5mm 바늘로 교체합니다.
2코 고무뜨기(겉2, 안2)로 14단을 뜬 후 돗바늘로 코막음하여 마무리합니다.

소매 뜨기

별실에 옮겨둔 코를 다시 5mm 바늘에 끼웁니다.
언더암에 감아코로 코를 만들어준 부분에서 6(6)8(10)12코를 주워줍니다.

▶ 바늘에 걸린 코 = 70(76)80(88)96코

소매는 원통뜨기로 진행합니다.
• 원통의 시작점은 감아코 부분에서 코를 주워준 부분의 중앙입니다.
시작점에 시작마커를 걸어줍니다.

모두 겉뜨기로 뜨며 10(9)7(6)5단마다 2코씩 총 9(10)12(16)18번 줄임이 들어갑니다.
줄임단은 다음과 같습니다.

줄임단 겉1, K2TOG, 시작마커 3코 전까지 모두 겉뜨기, SSK, 겉1

▶ 바늘에 걸린 코 = 52(56)56(56)60코

4.5mm바늘로 교체합니다.
2코 고무뜨기(겉2, 안2)로 14단을 뜬 후 돗바늘로 코막음하여 마무리합니다.

목둘레 뜨기

목 부분 뒤판의 겉면을 바라보고 뒷목의 오른쪽 끝부분부터 코를 줍습니다.
4mm 바늘로 112(112)116(116)120코를 주워줍니다.
• 목이 너무 딱 맞는 것이 부담스럽다면 4.5mm 바늘을 사용합니다.
• 콧수는 맞지 않아도 되지만, 꼭 4의 배수로 맞춰주세요.

시작마커를 걸고 2코 고무뜨기(겉2, 안2)로 8단을 뜬 후 돗바늘로 코막음하여 마무리합니다.

Cat's Cowichan Zip-Up

캣츠 코위찬 집업

참고사항 & 영상

캣츠 코위찬 집업은 담장 위의 고양이를 모티브로 디자인한 지퍼 카디건입니다.
굵은 실로 엮은 배색무늬 그래픽 위에 고양이 실루엣이 포인트가 되어
클래식하면서도 유니크한 분위기를 연출합니다. 몸통과 소매를 조각조각 떠서 연결하는
바텀업 방식으로 제작되며, 여유 있게 걸칠 수 있는 프리 사이즈입니다.
더 넉넉하길 원한다면 도안에 기재된 바늘보다 한 사이즈 큰 바늘을 사용하세요.

사이즈(cm) & 실 소요량(볼)

사이즈	FREE
가슴둘레	120
옷 길이	61
실 소요량(아이보리)	11
실 소요량(검정)	4

게이지 7mm 13코 18단
바늘 7mm(메인), 6.5mm(고무단) / 케이블 80cm
실 '낙양모사' 퀸-601아이보리(메인)+607 검정(배색)
지퍼 YKK 알루미늄 투웨이 지퍼(70cm)를 수선해 사용
사용기법 겉뜨기, 안뜨기, 걸러뜨기, M1R, M1L, K2TOG, KFB, SSK

뒤판 뜨기

코 잡기 6.5mm 대바늘에 메인 실(아이보리)로 81코 일반 코 잡기

1단(겉면) 겉1, (겉1, 안1) × 마지막 2코 남을 때까지 반복, 겉2
2단(안면) 안1, (안1, 겉1) × 마지막 2코 남을 때까지 반복, 안2

1-2단을 반복하며 겉뜨기 2코로 시작해 겉뜨기 2코로 끝나는 1코 고무단을 12단 뜹니다.
고무단을 뜬 후 7mm 바늘로 교체하고 뒤판 차트를 보며 진행합니다.

- 차트 1단은 겉면

앞판 뜨기

(입었을 때) 오른쪽 앞판

코 잡기 6.5mm 대바늘에 메인 실(아이보리)로 44코 일반 코 잡기

1단(겉면) 실 뒤에 놓은 상태에서 안뜨기 방향으로 1코 걸러뜨기, 겉2, (겉1, 안1) × 마지막 1코 남을 때까지 반복, 겉1
2단(안면) (안1, 겉1) × 마지막 4코 남을 때까지 반복, 안1, 겉2, 안1

1-2단을 반복하며 12단을 떠 고무단을 만듭니다.
7mm 바늘로 교체하고 오른쪽 앞판 차트를 보며 진행합니다.

- 차트 1단은 겉면

칼라 부분까지 작업 완료 후 코들을 살려둔 채로 별실이나 여분의 케이블에 옮겨두고 왼쪽 앞판을 마저 작업합니다.

(입었을 때) 왼쪽 앞판

코 잡기 6.5mm 대바늘에 메인 실(아이보리)로 44코 일반 코 잡기

1단(겉면) (겉1, 안1) × 마지막 4코 남을 때까지 반복, 겉4
2단(안면) 실 앞에 놓은 상태에서 안뜨기 방향으로 1코 걸러뜨기, 겉2, (안1, 겉1) × 마지막 1코 남을 때까지 반복, 안1

1-2단을 반복하며 12단을 떠 고무단을 만듭니다.

7mm 바늘로 교체하고 왼쪽 앞판 차트를 보며 진행합니다.

- 차트 1단은 겉면

칼라 부분까지 작업 완료 후 오른쪽 앞판 칼라와 왼쪽 앞판 칼라를 연결합니다. *오른쪽 영상 참고

칼라 연결

주머니 뜨기

7mm 바늘로 주머니 부분의 별실을 풀면서 코를 줍습니다.

이때 위쪽 코들은 코의 방향이 바뀌기 때문에 아래쪽 코보다 1코 더 많이 줍게 됩니다. 즉, 위쪽 코는 16코, 아래쪽 코는 15코를 줍고, 위쪽 코들은 주머니 안쪽 면을 떠내려가고, 아래쪽 코들은 주머니 입구를 떠 올라가게 됩니다.

주머니 안쪽 부분부터 작업합니다. *오른쪽 영상 참고
메리야스뜨기로 20단을 뜬 후 덮어씌워 코막음합니다.
안쪽 면에서 위치를 맞추고 돗바늘로 연결합니다.

주머니 뜨기

이제 똑같이 7mm 바늘로 아래쪽 코를 이용해 주머니 입구를 떠 올라갑니다.
겉뜨기 2코로 시작해 겉뜨기 2코로 끝나는 1코 고무단을 6단 뜬 후 코막음하여 마무리합니다.
양 끝코를 돗바늘로 꿰매어 마무리합니다

소매 뜨기

코 잡기 6.5mm 대바늘에 메인 실(아이보리)로 34코 일반 코 잡기

1단(겉면) 겉2, (안1, 겉1) × 끝까지 반복
2단(안면) (안1, 겉1) × 마지막 2코 남을 때까지 반복, 안2

1-2단을 반복하며 겉뜨기 2코로 시작해 겉뜨기 1코로 끝나는 1코 고무단을 12단 뜹니다.
7mm 바늘로 교체하고 소매 차트를 보며 끝까지 작업합니다.
소매 옆선을 세로잇기로 연결합니다.

| 앞판 & 뒤판 + 소매 연결하기 | 앞판과 뒤판을 겹쳐 옆선은 모두 세로잇기로 연결합니다.
소매와 몸통을 연결할 때 래글런 선은 세로잇기로 연결하고, 암홀 부분은 코와 코 잇기(가로잇기)로 연결합니다.

뒷목 칼라 부분은 맨 마지막에 감침질로 연결합니다. *오른쪽 영상 참고 |

칼라 감침질

| 마무리하기 | 70cm 지퍼를 준비한 후 길이에 맞춰 수선하여 바느질로 꿰매줍니다.
모든 꼬리실을 돗바늘로 정리하여 마무리합니다. |

뒤판 차트

오른쪽 앞판 차트

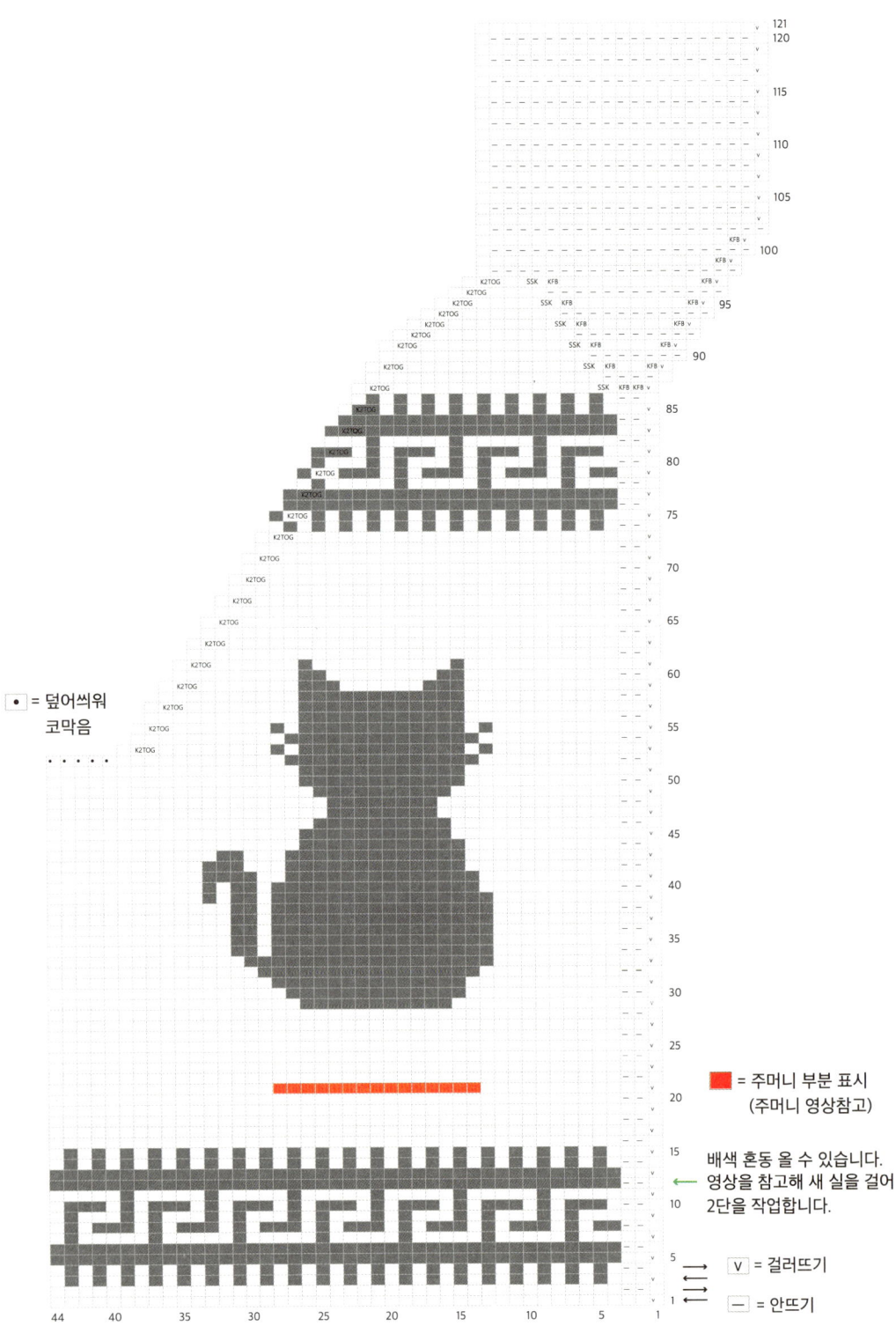

왼쪽 앞판 차트

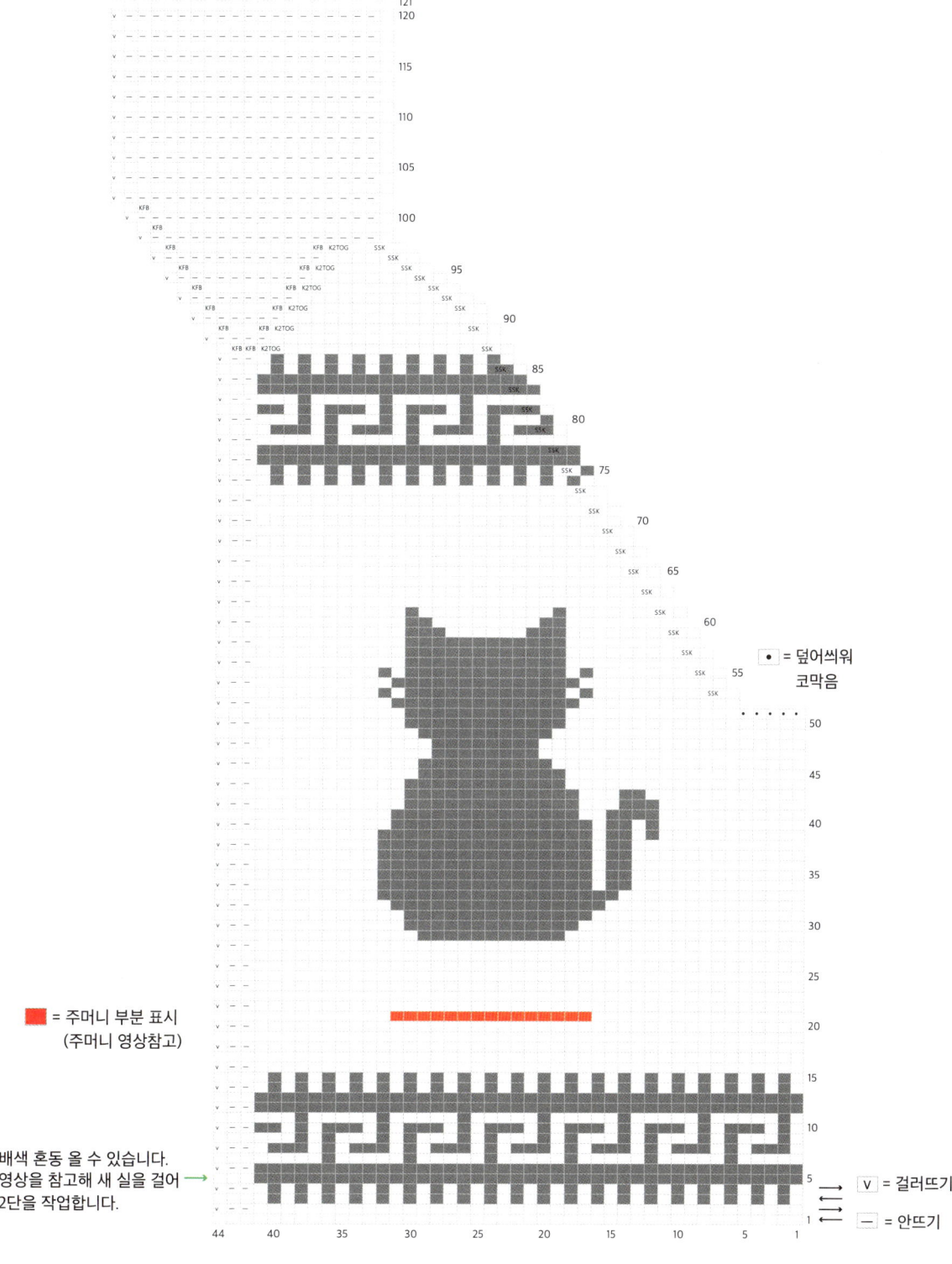

오른쪽 소매 차트

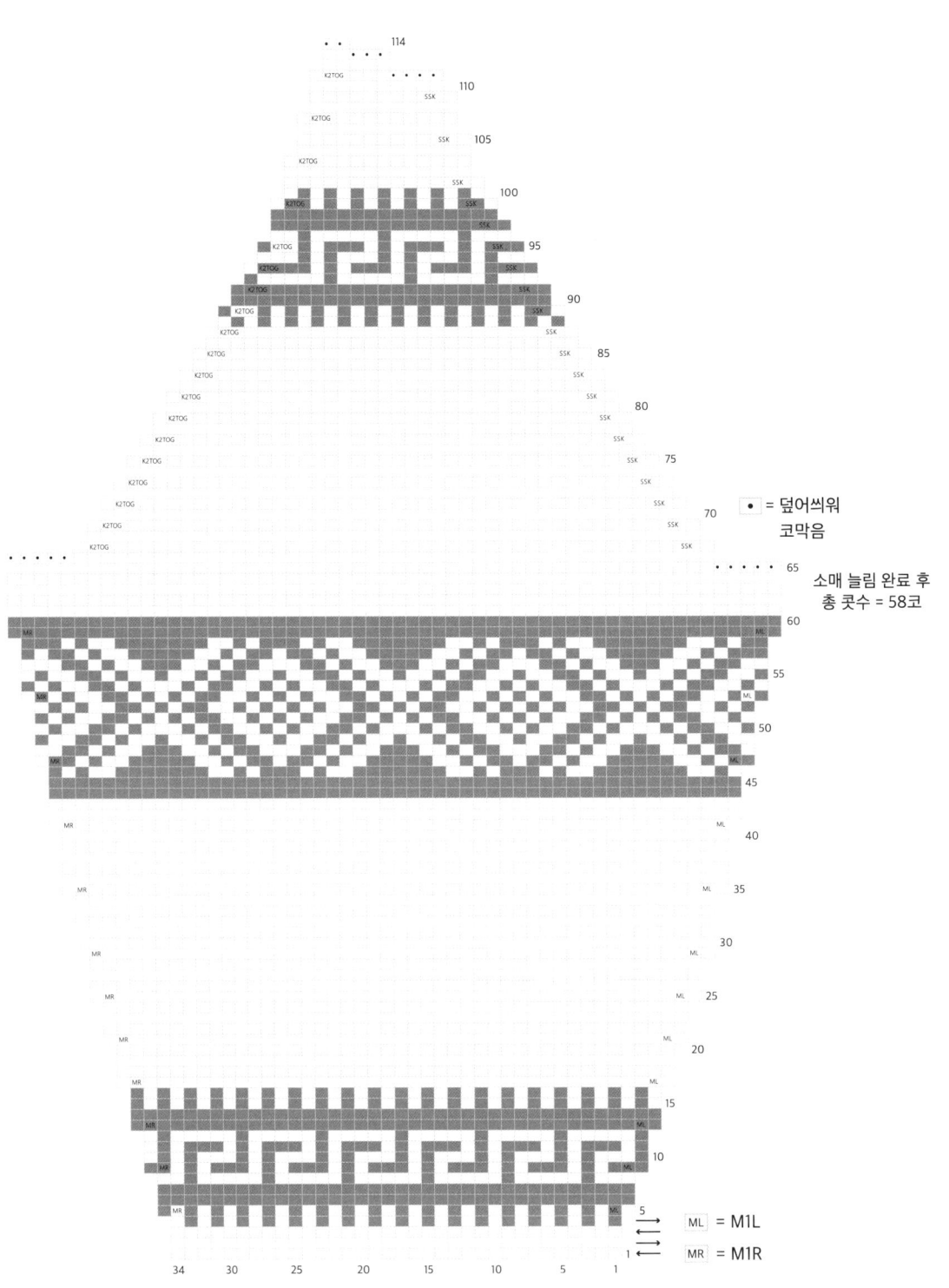

왼쪽 소매 차트

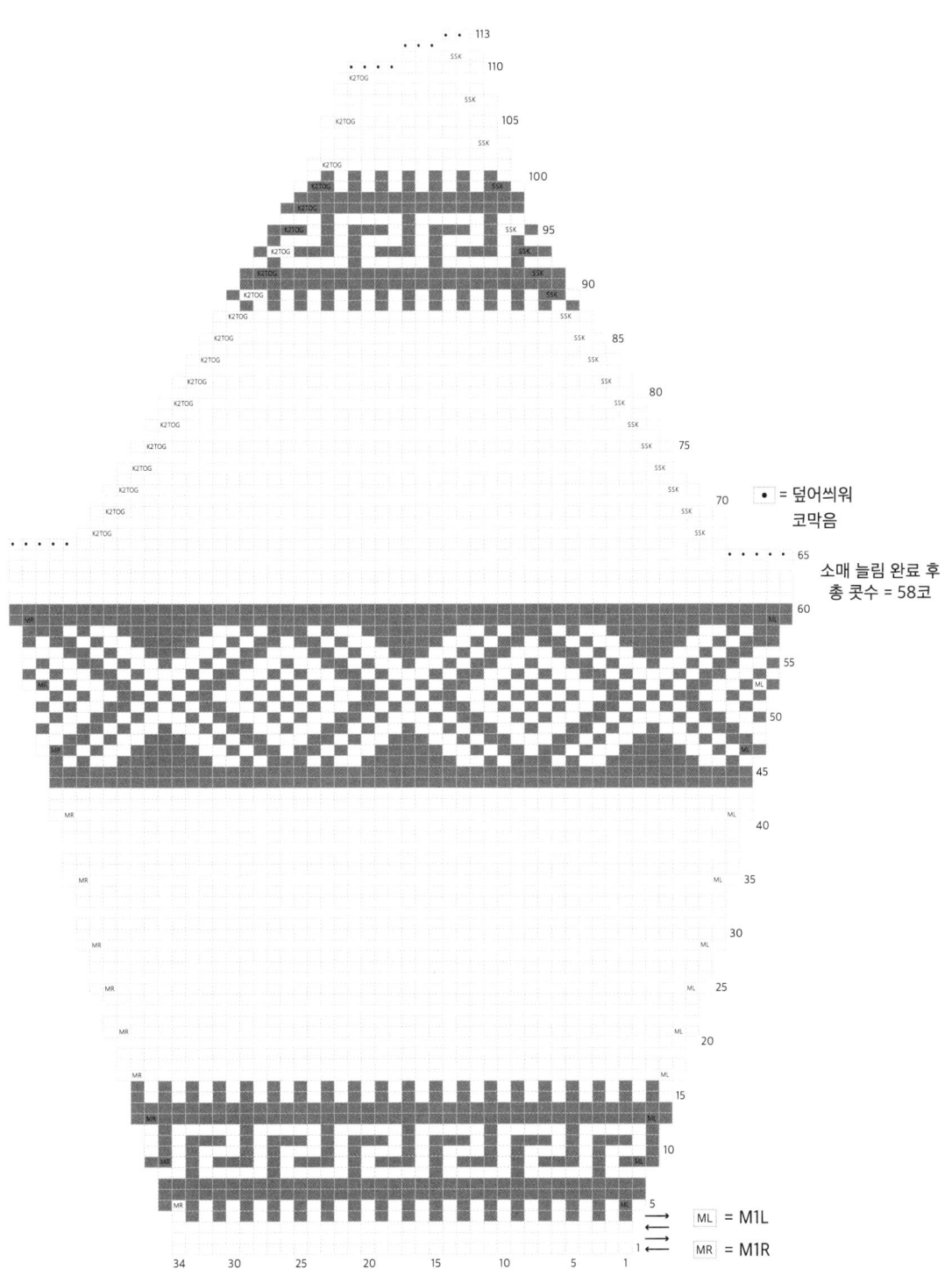

Spring Blossom
Cardigan

봄꽃놀이 카디건

참고사항 & 영상

봄날의 유채꽃밭과 튤립꽃밭에서 영감을 받은 카디건입니다. 세 가지 색실을 합사해, 들판 위의 꽃이 부드럽게 스며든 듯한 트위드 질감을 표현했습니다.
칼라와 밑단, 포켓 라인에는 단색 배색으로 균형을 잡았고, 단추로 포인트를 주어 단정하면서도 사랑스러운 분위기로 마무리했습니다. 100% 코마 코튼 실을 사용해 피부에 닿는 촉감이 부드럽고 통기성이 좋아, 봄부터 초여름까지 가볍게 걸치기 좋습니다.

사이즈(cm) & 실 소요량

사이즈	1★	2	3	4	5	6	7
가슴둘레	96	100	104	108	112	116	120
기장	46	46	48	49	50	54	56
소매길이	27	28	28	29	29	29	29
소매둘레	33	34	36	37	40	42	44
실 소요량 (위 g/아래 m)	310 / 860	320 / 900	335 / 950	360 / 1005	380 / 1070	420 / 1170	440 / 1240

게이지 4mm 1코 2단 멍석뜨기 21코 31단
바늘 4mm(메인), 3.5mm(고무단), 3mm(목둘레+버튼밴드) / 케이블 40+60+80cm
실 '낙양모사' 바당 3합
① 핑크: 922 라이트그린(배색)+939 파스텔노랑+935 백색
② 그린: 905 베이비블루(배색)+916 피치+935 백색
・고무단 배색으로 사용할 색상의 실을 미리 90-100g 정도 감아두고 시작하길 권합니다.
사용기법 겉뜨기, 안뜨기, M1R, M1L, M1RP, M1LP, K2TOG, P2TOG, SSK, SSP

뒷목 단차 만들기

코 잡기 4mm 대바늘에 64(64)64(66)70(70)70코 일반 코 잡기

셋업단을 진행하며 '/' 표시마다 마커를 걸어줍니다.

셋업단 안1(앞판) / 안2(래글런) / 안8(8)8(8)10(10)10(소매)/ 안2(래글런) / 안38(38)38(40)40(40)40(뒤판) / 안2(래글런) / 안8(8)8(8)10(10)10(소매) / 안2(래글런) / 안1(앞판)

다음과 같이 진행하며 '/' 표시마다 마커를 넘겨줍니다.
- 봄꽃놀이 카디건의 서술 도안에서 (겉,안)은 (겉1,안1), (안,겉)은 (안1,겉1)을 뜻합니다.

1단(겉면) 안1, M1R, 겉2 / M1LP, (겉,안) × 마커 전까지 반복, M1R / 겉2 / M1LP, (겉,안) × 마커 전까지 반복, M1R / 겉2 / M1LP, (겉,안) × 마커 전까지 반복, M1R / 겉2 / M1LP, 겉1

2단(안면) 안1, 겉1 / 안2 / (안,겉) × 마커 전까지 반복 / 안2 / (안,겉) × 마커 전까지 반복 / 안2 / (안,겉) × 마커 전까지 반복 / 안2 / 안1, 겉1

3단(겉면) 안, M1L, 안, M1R, 겉2 / M1LP, (겉,안) × 마커 전까지 반복, M1R / 겉2 / M1LP, (겉,안) × 마커 전까지 반복, M1R / 겉2 / M1LP, (겉,안) × 마커 전까지 반복, M1R / 겉2 / M1LP, 겉, M1RP, 겉1

4단(안면) (안,겉) × 마커 전까지 반복 / 안2 / (안,겉) × 마커 전까지 반복 / 안2 / (안,겉) × 마커 전까지 반복 / 안2 / (안,겉) × 마커 전까지 반복 / 안2 / (안,겉) × 끝까지 반복

5단(겉면) 안, M1L, (안,겉) × 마커 1코 전까지 반복, 안, M1R / 겉2 / M1LP, (겉,안) × 마커 전까지 반복, M1R / 겉2 / M1LP, (겉,안) × 마커 전까지 반복, M1R / 겉2 / M1LP, (겉,안) × 마커 전까지 반복, M1R / 겉2 / M1LP, (겉,안) × 마지막 2코 전까지 반복, 겉1, M1RP, 겉1

6단(안면) (안,겉) × 마커 전까지 반복 / 안2 / (안,겉) × 마커 전까지 반복 / 안2 / (안,겉) × 마커 전까지 반복 / 안2 / (안,겉) × 마커 전까지 반복 / 안2 / (안,겉) × 끝까지 반복

5-6단을 총 9번 반복합니다. 즉, 셋업단을 제외하고 22단이 떠진 상태입니다.

▶ 바늘에 걸린 코 = 앞판 22 / 래글런 2 / 소매 30(30)30(30)32(32)32 / 래글런 2 / 뒤판 60(60)60(62)62(62)62 / 래글런 2 / 소매 30(30)30(30)32(32)32 / 래글런 2 / 앞판 22

여기까지 뒷목 단차를 만든 상태입니다.
이제 감아코로 앞목을 만들고, 계속해서 래글런 늘림을 진행합니다.

래글런 늘리기

[1-3사이즈]

다음과 같이 진행하며 '/' 표시마다 마커를 넘겨줍니다.

1단(겉면) 감아코로 6코 만들기, (겉,안) × 마커 전까지 반복, M1R / 겉2 / M1LP, (겉,안) × 마커 전까지 반복, M1R / 겉2 / M1LP, (겉,안) × 마커 전까지 반복, M1R / 겉2 / M1LP, (겉,안) × 마커 전까지 반복, M1R / 겉2 / M1LP, (겉,안) × 끝까지 반복, 감아코로 6코 만들기

2단(안면) (겉,안) × 마커 1코 전까지 반복, 겉1 / 안2 / (안,겉) × 마커 전까지 반복 / 안2 / (안,겉) × 마커 전까지 반복 / 안2 / (안,겉) × 마커 전까지 반복 / 안2 / (안,겉) × 마지막 1코 전까지 반복, 안1

3단(겉면) (안,겉) × 마커 1코 전까지 반복, 안1, M1R / 겉2 / M1LP, (겉,안) × 마커 전까지 반복, M1R / 겉2 / M1LP, (겉,안) × 마커 전까지 반복, M1R / 겉2 / M1LP, (겉,안) × 마커 전까지 반복, M1R / 겉2 / M1LP, (겉,안) × 마지막 1코 전까지 반복, 겉1

4단(안면) (안,겉) × 마커 전까지 반복 / 안2 / (안,겉) × 마커 전까지 반복 / 안2 / (안,겉) × 마커 전까지 반복 / 안2 / (안,겉) × 마커 전까지 반복 / 안2 / (안,겉) × 끝까지 반복

5단(겉면) (겉,안) × 마커 전까지 반복, M1R / 겉2 / M1LP, (겉,안) × 마커 전까지 반복, M1R / 겉2 / M1LP, (겉,안) × 마커 전까지 반복, M1R / 겉2 / M1LP, (겉,안) × 마커 전까지 반복, M1R / 겉2 / M1LP, (겉,안) × 끝까지 반복

6단(안면) (겉,안) × 마커 1코 전까지 반복, 겉1 / 안2 / (안,겉) × 마커 전까지 반복 / 안2 / (안,겉) × 마커 전까지 반복 / 안2 / (안,겉) × 마커 전까지 반복 / 안2 / (안,겉) × 마지막 1코 전까지 반복, 안1

[4-7사이즈]

다음과 같이 진행하며 '/' 표시마다 마커를 넘겨줍니다.

1단(겉면) 감아코로 7코 만들기, (안,겉) × 마커 1코 전까지 반복, 안1, M1R / 겉2 / M1LP, (겉,안) × 마커 전까지 반복, M1R / 겉2 / M1LP, (겉,안) × 마커 전까지 반복, M1R / 겉2 / M1LP, (겉,안) × 마커 전까지 반복, M1R / 겉2 / M1LP, (겉,안) × 끝까지 반복, 감아코로 7코 만들기

2단(안면) (안,겉) × 마커 전까지 반복 / 안2 / (안,겉) × 마커 전까지 반복 / 안2 / (안,겉) × 마커 전까지 반복 / 안2 / (안,겉) × 끝까지 반복

3단(겉면) (겉,안) × 마커 전까지 반복, M1R / 겉2 / M1LP, (겉,안) × 마커 전까지 반복, M1R / 겉2 / M1LP, (겉,안) × 마커 전까지

반복, M1R / 겉2 / M1LP, (겉,안) × 끝까지 반복

4단(안면) (겉,안) × 마커 1코 전까지 반복, 겉1 / 안2 / (안,겉) × 마커 전까지 반복 / 안2 / (안,겉) × 마커 전까지 반복 / 안2 / (안,겉) × 마커 전까지 반복 / 안2 / (안,겉) × 마지막 1코 전까지 반복, 안1

5단(겉면) (안,겉) × 마커 1코 전까지 반복, 안1, M1R / 겉2 / M1LP, (겉,안) × 마커 전까지 반복, M1R / 겉2 / M1LP, (겉,안) × 마커 전까지 반복, M1R, / 겉2 / M1LP, (겉,안) × 마커 전까지 반복, M1R / 겉2 / M1LP, (겉,안) × 마지막 1코 전까지 반복, 겉1

6단(안면) (안,겉) × 마커 전까지 반복 / 안2 / (안,겉) × 마커 전까지 반복 / 안2 / (안,겉) × 마커 전까지 반복 / 안2 / (안,겉) × 마커 전까지 반복 / 안2 / (안,겉) × 끝까지 반복

1-7사이즈 모두 3-6단을 총7(8)9(9.5)10(11)11.5번 반복합니다.
즉, 앞목 감아코를 만든 단부터 셈하면 30(34)38(40)42(46)48단 떠진 상태입니다.

▶ 바늘에 걸린 코 = 앞판 43(45)47(49)50(52)53 / 래글런 2 / 소매 60(64)68(70)74(78)80 / 래글런 2 / 뒤판 90(94)98(102)104(108)110 / 래글런 2 / 소매 60(64)68(70)74(78)80 / 래글런 2 / 앞판 43(45)47(49)50(52)53
⇒ 총 304(320)336(348)360(376)384코

소매 분리하기

아래의 '무늬뜨기'는 이전 단의 진행 상황을 보며 1코 2단 멍석무늬를 뜹니다.

1단(겉면) 43(45)47(49)50(52)53코 무늬뜨기(앞판), 마커 제거, 겉1, 안1, 마커 제거, 별실이나 여분의 케이블에 소매 60(64)68(70)74(78)80코 옮기기, 마커 제거, 감아코 8(8)8(8)10(10)12코 만들기, 겉1, 안1, 마커 제거, 90(94)98(102)104(108)110코 무늬뜨기(뒤판), 마커 제거, 겉1, 안1, 마커 제거, 별실이나 여분의 케이블에 소매 60(64)68(70)74(78)80코 옮기기, 마커 제거, 감아코 8(8)8(8)10(10)12코 만들기, 겉1, 안1, 마커 제거, 43(45)47(49)50(52)53코 무늬뜨기(앞판)

2단(안면) 끝까지 무늬뜨기

▶ 바늘에 걸린 코 = 200(208)216(224)232(240)248코

몸통 뜨기

계속해서 무늬에 맞춰 평면으로 작업합니다.
암홀 감아코를 만든 부분부터 쟀을 때 24(24)25(25)25(28)29cm, 혹은 입어보며 원하는 길이가 될 때까지 뜹니다.

고무단에 들어가기 직전 안쪽 면에서 배색실로 바꾸고 멍석무늬 1단을 뜬 후 고무단에 들어갑니다.

3.5mm 바늘로 교체하고 1코 고무단(겉,안)을 반복하며 4cm를 뜹니다.
양쪽 코가 겉뜨기로 끝날 수 있게 마지막 2코는 모아서 겉뜨기(K2TOG)로 뜹니다.
돗바늘 마무리를 하기 전에 다음과 같이 뜨면서 2단을 더블니팅으로 작업합니다.

1단(겉면) (겉1, 실 앞에 둔 상태에서 안뜨기 방향으로 1코 거르기) × 마지막 1코 전까지 반복, 겉1
2단(안면) (실 앞에 둔 상태에서 안뜨기 방향으로 1코 거르기, 겉1) × 마지막 1코 전까지 반복, 실 앞에 둔 상태에서 안뜨기 방향으로 1코 거르기

1코 고무단 돗바늘 마무리합니다.

소매 뜨기

• 줄임 부분이 헷갈린다면 한눈에 볼 수 있는 소매 줄임 차트(174-176쪽)를 참고하세요.

별실에 옮긴 소매 코를 다시 4mm 바늘에 끼웁니다.
언더암에 감아코로 코를 만든 부분에서 8(8)8(8)10(10)12코 주워줍니다.

▶ 바늘에 걸린 코 = 68(72)76(78)84(88)92코

언더암 중앙에 시작마커를 걸고 (겉,안)을 반복하며 마커까지 뜹니다.
계속해서 시작마커를 기준으로 원통뜨기로 뜨며 다음과 같이 작업합니다.

1단 (겉,안) × 끝까지 반복 • 5, 6사이즈는 (안,겉) × 끝까지 반복
2-3단 (안,겉) × 끝까지 반복 • 5, 6사이즈는 (겉,안) × 끝까지 반복
4-5단 (겉,안) × 끝까지 반복 • 5, 6사이즈는 (안,겉) × 끝까지 반복

계속해서 무늬뜨기를 반복합니다.

15(15)13(13)13(11)10번째 단마다 총 2(2)2(2)2(2)2번 반복해 다음과 같이 소매 코를 줄입니다.

[1, 2사이즈]
15단 K2TOG, (안,겉) × 마지막 2코 남을 때까지 반복, SSP
30단 P2TOG, (겉,안) × 마지막 2코 남을 때까지 반복, SSK

[3, 4사이즈]
13단, 26단 P2TOG, (겉,안) × 마지막 2코 남을 때까지 반복, SSK

[5사이즈]
13단, 26단 K2TOG, (안,겉) × 마지막 2코 남을 때까지 반복, SSP

[6사이즈]
11단 P2TOG, (겉,안) × 마지막 2코 남을 때까지 반복, SSK
22단 K2TOG, (안,겉) × 마지막 2코 남을 때까지 반복, SSP

[7사이즈]
10단, 20단 K2TOG, (안,겉) × 마지막 2코 남을 때까지 반복, SSP

▶ 바늘에 걸린 코 = 64(68)72(74)80(84)88코

배색실로 바꾸고 멍석무늬 1단을 뜬 후 고무단에 들어갑니다.
3.5mm 바늘로 교체하고 1코 고무단(겉,안)을 반복하며 4cm를 뜹니다.

돗바늘 마무리를 하기 전에 다음과 같이 뜨면서 2단을 더블니팅으로 작업합니다.

1단(겉면) (겉1, 실 앞에 둔 상태에서 안뜨기 방향으로 1코 거르기) × 끝까지 반복
2단(안면) (실 뒤에 둔 상태에서 안뜨기 방향으로 1코 거르기, 안1) × 끝까지 반복

1코 고무단 돗바늘 마무리합니다.

목둘레 뜨기

목둘레는 디테일을 더하기 위해 바늘 두 개로 시접을 감추는 이중뜨기 기법을 사용합니다.

3mm 바늘로 115(115)115(119)123(123)123코 주워줍니다.
겉면, 안면을 각각 메리야스뜨기로 3단을 뜬 후 다음과 같이 고무뜨기를 뜨며 겹쳐서 연결합니다. *오른쪽 영상 참고

목둘레 시접 감추기

1단(겉면) 안2, (겉,안) × 마지막 1코 전까지 반복, 안1
- 안뜨기 2코로 시작해 안뜨기 2코로 끝나는 1코 고무뜨기로 진행합니다.

다음 단은 안면을 뜰 차례로, 안쪽 면은 칼라를 접었을 때 밖으로 보이는 면입니다.
다음과 같이 작업하며 칼라의 모양을 만듭니다.
- 고무뜨기 = 이전 단의 진행 상황을 보며 무늬에 맞춰 떠주세요.

2-5단 모두 고무뜨기
6단 3코 고무뜨기, M1R, 마지막 3코 전까지 고무뜨기, M1L, 3코 고무뜨기
7단 모두 고무뜨기 • 이전 단에서 늘린 코는 안뜨기로 뜹니다.
8단 4코 고무뜨기, M1RP, 마지막 4코 전까지 고무뜨기, M1LP, 4코 고무뜨기
9-11단 모두 고무뜨기

3.5mm 바늘로 교체한 후 이어서 진행합니다.

12단 3코 고무뜨기, M1R, 마지막 3코 전까지 고무뜨기, M1L, 3코 고무뜨기
13단 모두 고무뜨기 • 이전 단에서 늘린 코는 안뜨기로 뜹니다.
14단 4코 고무뜨기, M1RP, 마지막 4코 전까지 고무뜨기, M1LP, 4코 고무뜨기
15-17단 모두 고무뜨기
18단 3코 고무뜨기, M1R, 마지막 3코 전까지 고무뜨기, M1L, 3코 고무뜨기
19단 모두 고무뜨기 • 이전 단에서 늘린 코는 안뜨기로 뜹니다.
20단 4코 고무뜨기, M1RP, 마지막 4코 전까지 고무뜨기, M1LP, 4코 고무뜨기
21-23단 모두 고무뜨기

1코 고무단 돗바늘 마무리합니다.

버튼밴드 뜨기

이제 버튼밴드를 뜰 차례입니다. *오른쪽 영상 참고

버튼밴드

(입었을 때) 오른쪽 버튼밴드

겉면에서 새 실을 걸고 밑단 → 목 방향으로 앞섶에 있는 코를 줍습니다.
3mm 바늘로 8코 줍고 1코 건너뛰고를 반복하며 코를 주워줍니다.
• 코의 개수는 상관없지만, 기억해서 반대쪽 앞섶에서도 같은 개수로 줍습니다.

실을 끊고 단춧구멍을 표시합니다.
다시 밑단 쪽 바늘에 새 실을 걸고 안뜨기로 시작하는 흔들코 9코를 만듭니다.
편물을 뒤집어 더블니팅을 진행합니다.

겉면 (겉1, 걸쳐안뜨기1) × 4회, 마지막 코는 몸판의 코와 함께 꼬아뜨기
안면 (걸쳐안뜨기1, 겉1) × 4회, 걸쳐안뜨기1

위 작업을 반복하며 단춧구멍을 만들 위치에 오면 영상을 참고해 구멍을 만들어줍니다.
마지막 단은 돗바늘 마무리합니다.

(입었을 때) 왼쪽 버튼밴드

겉면에서 새 실을 걸고 목 → 밑단 방향으로 앞섶에 있는 코를 줍습니다.
3mm 바늘로 8코 줍고 1코 건너뛰고를 반복하며 코를 주워줍니다.
실을 자르고 다음과 같이 작업합니다.

겉면 (겉1, 걸쳐안뜨기1) × 4회, 마지막 코는 몸판의 코와 함께 꼬아뜨기
안면 (걸쳐안뜨기1, 겉1) × 4회, 걸쳐안뜨기1

위 작업을 끝까지 반복하고 마지막 단은 돗바늘 마무리합니다.
단춧구멍 간격에 맞춰서 단추를 달아줍니다.

주머니 뜨기

이제 주머니를 뜰 차례입니다. *오른쪽 영상 참고

주머니를 달 위치에 가지고 있는 가장 얇은 바늘로 19코를 주워줍니다.
(원작은 2.5mm 사용)
• 줍는 콧수를 조절해 주머니 크기를 임의로 설정해도 되지만, 꼭 홀수로 맞춰주세요.
4mm 바늘로 교체하고 새 실을 연결해 다음과 같이 작업합니다.

주머니 뜨기

1단 겉1, (겉,안) × 마지막 2코 전까지 반복, 겉2
2단 안2, (겉,안) × 마지막 1코 전까지 반복, 안1
3단 겉1, (안,겉) × 끝까지 반복
4단 안1, (겉,안) × 끝까지 반복

1-4단을 19단이 될 때까지 반복합니다.
배색실로 바꾼 후 마지막 1단을 떠서 총 20단을 뜬 후 고무단에 들어갑니다.

1단 겉1, (겉,안) × 마지막 2코 전까지 반복, 겉2
2단 안1, (안,겉) × 마지막 2코 전까지 반복, 안2

1-2단을 반복하며 겉뜨기 2코로 시작해 겉뜨기 2코로 끝나는 1코 고무단을 총 6단 뜬 후 덮어씌워 코막음합니다.
주머니 옆선을 세로잇기로 연결해 마무리합니다.

소매 줄임 차트

│	겉뜨기
─	안뜨기
+	감아코 부분 코줍기
▨	배색실로 바꾸기

<1사이즈>

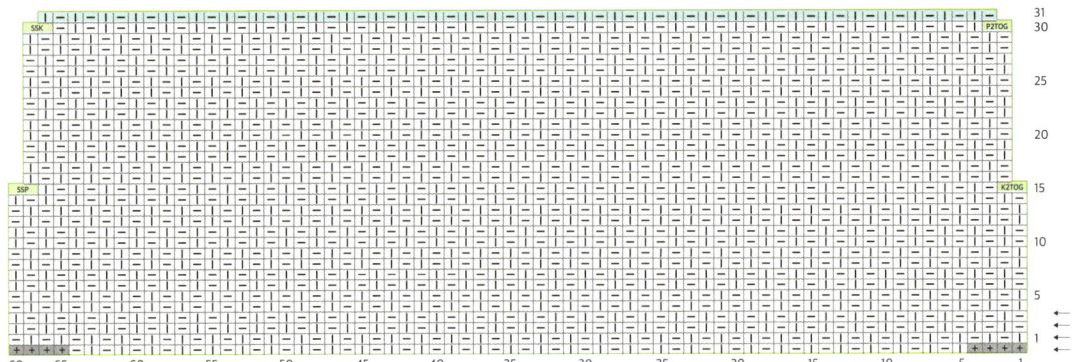

<2사이즈>

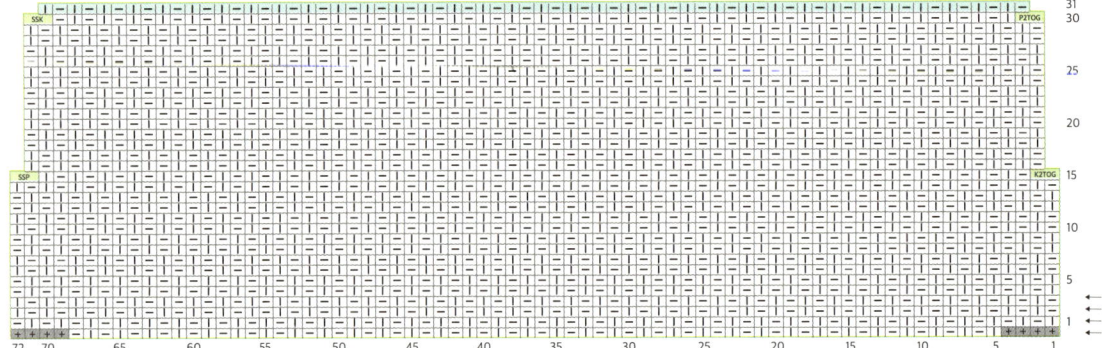

<3사이즈>

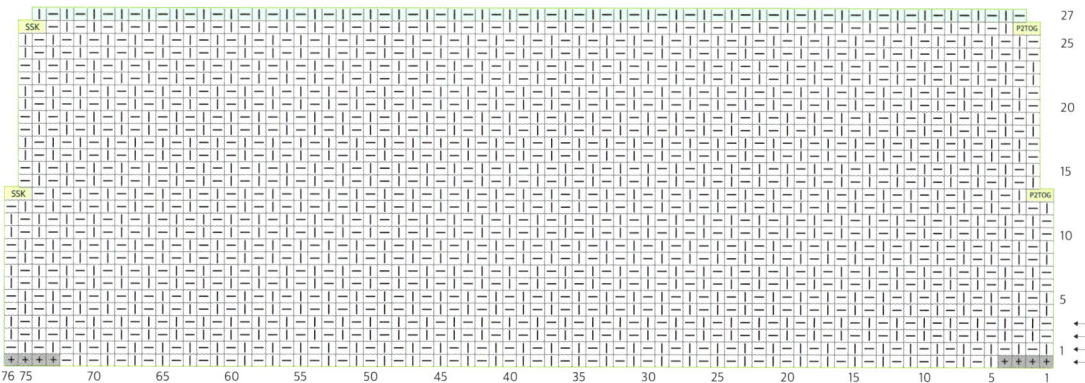

<4사이즈>

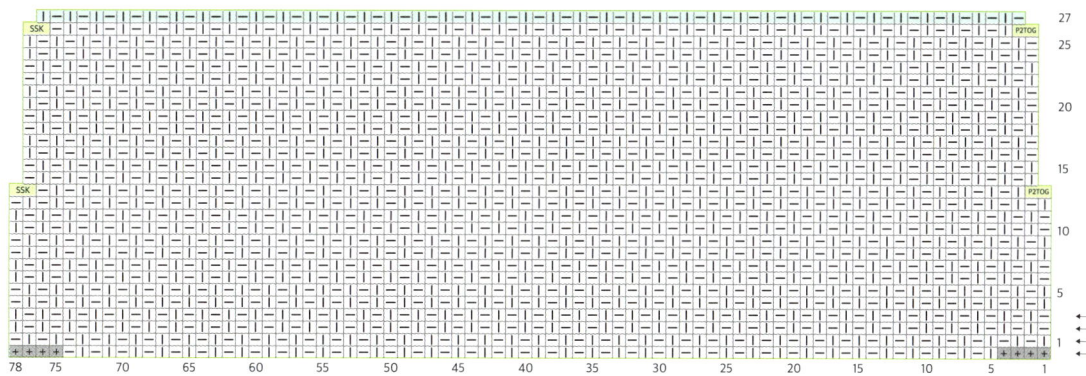

<5사이즈>

<6사이즈>

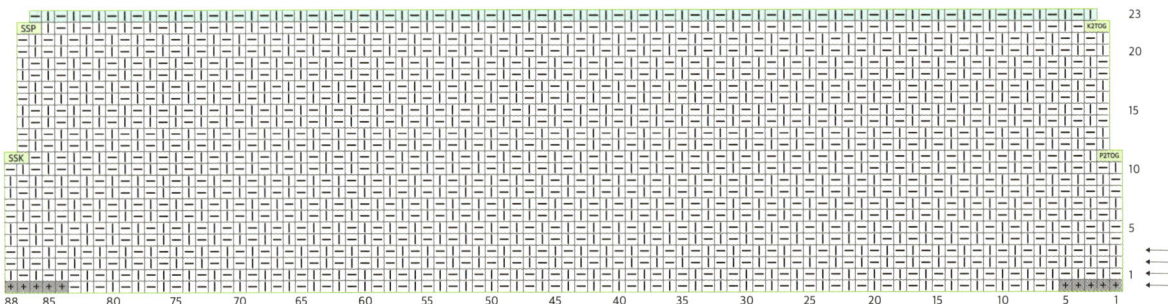

<7사이즈>

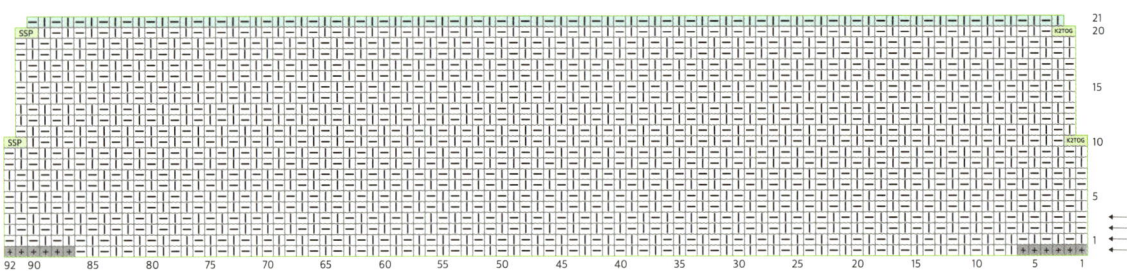

Knitted Wrap
Sweater

뜨랩 스웨터

참고사항 & 영상

뜨랩 스웨터는 어깨 라인이 깔끔하게 떨어지는 새들 숄더 구조의 랩 스타일 니트입니다. 탑다운 방식으로 진행되며, 부드럽게 감싸듯 이어지는 랩 라인과 볼륨감 있는 벌룬소매가 페미닌한 실루엣을 완성합니다. 또한 길게 이어진 고무단이 허리를 안정적으로 감싸 단정하면서도 우아한 무드를 함께 즐길 수 있습니다

사이즈(cm) & 실 소요량(볼)

사이즈	1	2	3	4	5
가슴둘레	88	92	97	100	105
기장	46	48	50	51	53
소매길이	56	56	56	56	56
소매둘레	32	34	36	37	38
실 소요량	6	6	7	7	8

게이지 4mm 22코 31단
바늘 4mm(메인), 3mm(소매 고무단), 2.75mm(몸통 고무단), 모사용 코바늘 6호(마무리) / 케이블 40+80cm
실 '낙양모사' 겨울정원-72 아이보리
사용기법 겉뜨기, 안뜨기, M1R, M1L, M1R(안), M1L(안), KFB, PFB, K2TOG, P2TOG

어깨 늘리기

코 잡기 4mm 대바늘에 51(51)53(53)53코 일반 코 잡기

셋업단을 진행하며 '/' 표시마다 마커를 걸어줍니다.

셋업단(안면) 안3(앞판) / 안6(소매) / 안33(33)35(35)35(뒤판) / 안6(소매) / 안3(앞판)

다음과 같이 진행하며 '/' 표시마다 마커를 넘겨줍니다.

1단(겉면) 겉2, KFB, M1R / 겉6 / M1L, 마커까지 겉뜨기, M1R / 겉6 / M1L, 끝까지 겉뜨기
2단(안면) 안2, PFB, 마커까지 안뜨기, M1R(안) / 겉6 / M1L(안), 마커까지 안뜨기, M1R(안) / 안6 / M1L(안), 끝까지 안뜨기
3단(겉면) 겉2, KFB, 마커까지 겉뜨기, M1R / 겉6 / M1L, 마커까지 겉뜨기, M1R / 겉6 / M1L, 끝까지 겉뜨기

2-3단을 반복하며 총 22단까지 뜹니다. 겉면을 뜰 차례에서 끝납니다.

▶ 바늘에 걸린 코 = 36 / 6 / 77(77)79(79)79 / 6 / 36
⇒ 총 161(161)163(163)163코

소매 늘리기

1단(겉면) 겉2, KFB, 마커까지 겉뜨기 / M1L, (겉1,M1R) × 마커 전까지 반복 / 마커까지 겉뜨기 / M1L, (겉1,M1R) × 마커 전까지 반복 / 끝까지 겉뜨기
2단(안면) 안2, PFB, 끝까지 안뜨기
3단(겉면) 겉2, KFB, 마커까지 겉뜨기 / M1L, 마커 전까지 겉뜨기, M1R / 마커까지 겉뜨기 / M1L, 마커 전까지 겉뜨기, M1R / 끝까지 겉뜨기
4단(안면) 안2, PFB, 끝까지 안뜨기

3-4단을 총 19(19)19(18)17번 반복합니다.

▶ 바늘에 걸린 코 = 56(56)56(55)54 / 51(51)51(49)47 / 77(77)79(79)79 / 51(51)51(49)47 / 56(56)56(55)54
⇒ 총 291(291)293(287)281코

암홀 늘리기

1단(겉면) 겉2, KFB, 마커 1코 전까지 겉뜨기, M1R, 겉1 (앞판) / M1L, 마커까지 겉뜨기, M1R (소매) / 겉1, M1L, 마커 1코 전까지 겉뜨기, M1R, 겉1 (뒤판) / M1L, 마커까지 겉뜨기, M1R (소매) / 겉1, M1L, 끝까지 겉뜨기 (앞판)
2단(안면) 안2, PFB, 끝까지 안뜨기

1-2단을 총 6(7)8(9)11번 반복합니다.

▶ 바늘에 걸린 코 = 68(70)72(73)76/ 63(65)67(67)69 / 89(91)95(97)101 / 63(65)67(67)69 / 68(70)72(73)76
⇒ 총 351(361)373(377)391코

소매 분리하기

이제 소매 코는 별실이나 여분의 케이블에 옮겨두고, 몸판을 평면뜨기로 작업합니다.

1단(겉면) 겉2, KFB, 마커까지 겉뜨기, 마커 제거, 소매 63(65)67(67)69코 옮기기, 마커 제거, 감아코 8(10)12(14)14코 만들기, 뒤판 89(91)95(97)101코 겉뜨기, 마커 제거, 소매 63(65)67(67)69코 옮기기, 마커 제거, 감아코 8(10)12(14)14코 만들기, 끝까지 겉뜨기
2단(안면) 안2, PFB, 끝까지 안뜨기

▶ 바늘에 걸린 코 = 243(253)265(273)283코

몸통 뜨기

1단(겉면) 겉2, KFB, 끝까지 겉뜨기
2단(안면) 안2, PFB, 끝까지 안뜨기

1-2단을 총 21(21)23(24)25번 반복합니다.

▶ 바늘에 걸린 코 = 285(295)311(321)333코

• 고무단 전까지의 길이를 더 늘리고 싶다면 1-2단을 최대 4(4)5(6)6번 반복한 후 원통 잇기에 들어가길 추천합니다. 단, 길이를 늘렸다면 원통으로 이을 때 늘어난 코만큼 추가로 코를 옮겨서 이어줘야 합니다.

이제 앞판끼리 연결하여 원통으로 이어준 후 고무뜨기에 들어갑니다.

4mm 바늘을 하나 더 준비하고, 입었을 때 오른쪽 바늘에 있는 코를 새로운 바늘에 91(93)97(99)103코 옮겨줍니다. *오른쪽 영상 참고

몸통 연결하기

앞판을 연결한 후, 입었을 때 오른쪽 암홀 중앙에 시작마커를 걸고 마커 전까지 겉뜨기로 뜹니다.

▶ 바늘에 걸린 코 = 194(202)214(222)230코

2.75mm 바늘로 교체하고 1코 고무뜨기(겉1, 안1)로 10-12cm를 뜹니다.
돗바늘 마무리를 하기 전에 다음과 같이 뜨면서 2단을 더블니팅으로 작업합니다.

1단 (겉1, 실 앞에 둔 상태에서 안뜨기 방향으로 1코 거르기) × 끝까지 반복
2단 (실 뒤에 둔 상태에서 안뜨기 방향으로 1코 거르기, 안1) × 끝까지 반복

1코 고무단 돗바늘 마무리합니다.

소매 뜨기

별실에 옮겨둔 소매 코 63(65)67(67)69코를 4mm 바늘에 끼웁니다.
언더암 중앙에 새 실을 걸고 4(5)6(7)7코를 주워줍니다.
바늘에 걸린 63(65)67(67)69코를 겉뜨기로 뜬 후 나머지 4(5)6(7)7코를 줍고 시작마커를 걸어줍니다.

▶ 바늘에 걸린 코 = 71(75)79(81)83코

소매는 줄임 없이 일자로 쭉 뜬 후 고무단 전에 코를 한 번에 줄여 벌룬소매를 만듭니다.
메리야스 원통뜨기(모두 겉뜨기)로 암홀부터 쟀을 때 29cm, 혹은 입어보며 원하는 길이까지 뜹니다.

3mm 바늘로 교체합니다.
고무단에 들어가기 전, 소매 코를 모두 2코 모아뜨기(K2TOG)로 작업하며 코를 줄입니다.

▶ 바늘에 걸린 코 = 36(38)40(41)42코

1코 고무뜨기로 10cm를 뜹니다.
• 4사이즈 작업 시 고무뜨기 첫 단 마지막 2코를 모아안뜨기(P2TOG)로 떠서 고무뜨기

무늬를 맞춥니다.

돗바늘 마무리를 하기 전에 다음과 같이 뜨면서 2단을 더블니팅으로 작업합니다.

1단 (겉1, 실 앞에 둔 상태에서 안뜨기 방향으로 1코 거르기) × 끝까지 반복
2단 (실 뒤에 둔 상태에서 안뜨기 방향으로 1코 거르기, 안1) × 끝까지 반복

1코 고무단 돗바늘 마무리합니다.

마무리하기

모사용 6호 코바늘(3.5mm)을 사용해 짧은뜨기로 뒤쪽 네크라인에 엣징 처리를 합니다. *오른쪽 영상 참고

앞판 연결법

Tip 1

뒷목 말림 현상은 세탁 후 아래 사진처럼 블로킹하면 깔끔하게 펴집니다.

Tip 2

앞판의 벌어짐을 방지하기 위해 사진에서 빨갛게 표시한 부분을 실과 바늘로 살짝 꿰맵니다.(생략 가능)

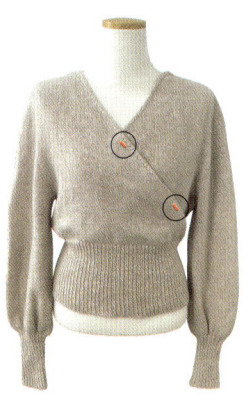

뜨개의 기초

게이지 조정

게이지는 일정한 구간(보통 10×10cm) 안에 들어가는 콧수와 단수를 말합니다. 게이지를 확인하는 이유는 도안에 제시된 사이즈와 완성 치수를 맞추기 위해서입니다.
사람마다 손의 텐션, 즉 힘 조절이 다르기 때문에 같은 실과 바늘을 사용해도 완성 사이즈가 달라질 수 있습니다. 그래서 반드시 작업하기 전에 게이지를 확인해보는 과정이 필요합니다.
또한, 원작과 다른 실을 사용하고 싶을 때에도 게이지를 확인하면서 완성 사이즈를 가늠할 수 있고, 바늘 사이즈를 조절하여 조정할 수 있습니다.

도안에 적힌 게이지보다 콧수가 많게 나온다면?
⇒ 손땀이 쫀쫀하다는 의미입니다.
⇒ 바늘을 한 사이즈 키워서 다시 뜹니다.

도안에 적힌 게이지보다 콧수가 적게 나온다면?
⇒ 손땀이 널널하다는 의미입니다.
⇒ 바늘을 한 사이즈 줄여서 다시 뜹니다.

도안 읽는 법

이 책에서는 서술형 도안과 차트형 도안을 모두 사용합니다.
서술형 도안은 순서대로 차근차근 따라가면서 진행하면 어렵지 않게 뜰 수 있습니다.
차트형 도안은 겉면을 기준으로 그려지며, 아래에서 위로 올라가는 방향으로 읽습니다.

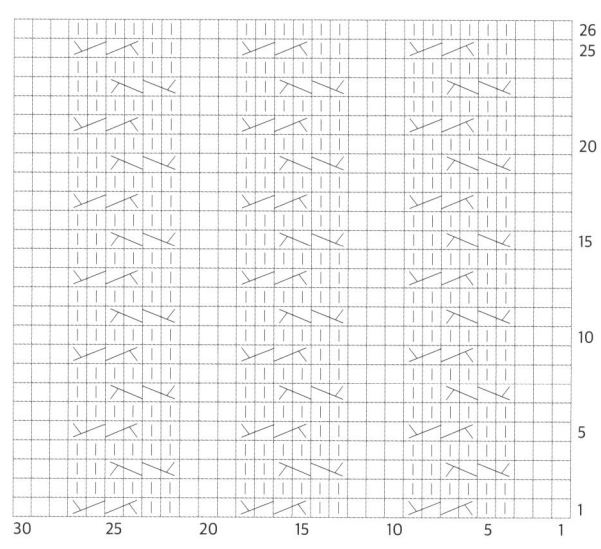

| | 겉뜨기   오른코 위 2코 교차뜨기
| | 안뜨기   왼코 위 2코 교차뜨기

전체
- 차트의 각 칸은 한 코를 의미하며, 기호는 별도의 기호표를 참고합니다.

평면뜨기
- 겉면(홀수단) : 오른쪽에서 왼쪽으로, 보이는 기호를 그대로 읽으며 뜹니다.
- 안면(짝수단) : 왼쪽에서 오른쪽으로, 보이는 기호의 반대로 읽으며 뜹니다.

원통뜨기
- 모든 단을 오른쪽에서 왼쪽으로, 보이는 기호를 그대로 읽으며 뜹니다.

손뜨개 약어

기본		
	겉	겉뜨기
	안	안뜨기
경사뜨기		
	TURN	경사뜨기(German Short Rows), 편물 돌리기
	DS	더블스티치
코 늘리기		
	KFB	겉뜨기 1코 늘리기
	PFB	안뜨기 1코 늘리기
	M1R	오른쪽 1코 늘리기
	M1L	왼쪽 1코 늘리기
	M1R(안)	안면에서 오른쪽 1코 안뜨기로 늘리기
	M1L(안)	안면에서 왼쪽 1코 안뜨기로 늘리기
	M1RP	겉면에서 오른쪽 1코 안뜨기로 늘리기
	M1LP	겉면에서 왼쪽 1코 안뜨기로 늘리기
코 줄이기		
	K2TOG	2코를 한 번에 겉뜨기로 모아뜨기
	P2TOG	2코를 한 번에 안뜨기로 모아뜨기
	SSK	오른코 겹치기
	SSP	오른코 모아 안뜨기
	SKP	오른코 중심 2코 모아뜨기
	K2TBL	2코를 한 번에 꼬아서 겉뜨기

뜨개 기법

1 일반 코 잡기

① 떠야 할 편물의 가로길이 약 3배 정도의 꼬리실을 남겨둡니다.

② 엄지와 검지에 실을 걸어 Y자 모양을 만듭니다.

③ 오른쪽 바늘을 엄지 쪽 실 아래에서 위로 넣고, 검지 쪽 실을 감아 바늘에 걸어 코를 만듭니다.

2 겉뜨기

① 왼쪽 바늘에 걸린 코를 아래에서 위로 찔러 넣어줍니다.

② 실을 바늘에 감습니다.

③ 실을 코 안으로 끌어 빼면서 새로운 코를 만들고, 기존 코를 바늘에서 빼냅니다.

3 안뜨기

① 왼쪽 바늘에 걸린 코를 위에서 아래로 찔러 넣어줍니다.

② 실을 바늘에 감습니다.

③ 실을 코 안으로 끌어 빼면서 새로운 코를 만들고, 기존 코를 바늘에서 빼냅니다.

4 KFB

① 왼쪽 바늘의 코를 겉뜨기를 하듯 뜹니다.

② 코를 빼지 않은 채로 뒤쪽 코에 다시 바늘을 넣어 한 번 더 겉뜨기를 합니다.

5 PFB

① 왼쪽 바늘의 코를 안뜨기를 하듯이 뜹니다.

② 코를 빼지 않은 채로 뒤쪽 코에 다시 바늘을 넣어 한 번 더 안뜨기를 합니다.

6 M1R

왼쪽 바늘로 코와 코 사이의 가로실을 뒤에서 앞으로 끌어올린 후 앞쪽에서 겉뜨기를 합니다.

7 M1L

왼쪽 바늘로 코와 코 사이의 가로실을 앞에서 뒤로 끌어올린 후 뒤쪽에서 겉뜨기를 합니다

8 M1R(안)

왼쪽 바늘로 코와 코 사이의 실을 앞에서 뒤로 끌어올린 후 뒤쪽에서 안뜨기를 합니다.

9 M1L(안)

왼쪽 바늘로 코와 코 사이의 실을 뒤에서 앞으로 끌어올린 후 앞쪽에서 안뜨기를 합니다.

• M1R(안)과 M1L(안)은 기준을 마커에 두는지, 겉면에 두는지에 따라 설명하는 방식에 차이가 있습니다. 이 책에서는 마커를 기준으로 설명합니다.

10 감아코

검지에 실을 걸어주고 바늘을 아래쪽에서 위로 찔러 넣어 새로운 코를 만듭니다.

11 K2TOG

두 코를 겉뜨기 방향으로 한 번에 찔러 넣고 겉뜨기를 합니다.

12 P2TOG

두 코를 안뜨기 방향으로 한 번에 찔러 넣고 안뜨기를 합니다.

13 SSK

① 왼쪽 바늘의 코를 오른쪽 바늘에 겉뜨기 방향으로 2코 옮겨줍니다.

② 옮겨준 두 코를 한 번에 겉뜨기를 합니다.

14 SSP

① 왼쪽 바늘의 코를 오른쪽 바늘에 겉뜨기 방향으로 2코 옮겨줍니다.

② 다시 왼쪽 바늘로 코를 옮긴 후 2코를 한 번에 꼬아서 안뜨기를 합니다.

15 덮어씌워 코막음

① 처음 2코는 겉뜨기를 합니다.

② 첫 번째 코를 들어올려 두 번째 코를 덮어씌웁니다.

③ 같은 방식으로 끝까지 마무리합니다.

16 코에서 코 줍기

① V자 모양 코에 바늘을 찔러 넣습니다.　② 새 실을 걸고, 바늘이 들어왔던 곳으로 바늘을 뺍니다.

17 단에서 코 줍기

① 가장자리 첫 코와 두 번째 코 사이의 싱거루프에 바늘을 찔러 넣습니다.　② 새 실을 걸고, 바늘이 들어왔던 곳으로 바늘을 뺍니다.

18 세로잇기(단과 단 연결하기)

돗바늘에 새 실을 걸고 가장자리 첫 코 안쪽의 싱거루프에 1단씩 번갈아 걸어 실을 당깁니다.

19 가로잇기(코와 코 연결하기)

위의 편물은 V자로, 아래 편물은 ㅅ자 모양으로 돗바늘을 번갈아 넣고 꿰매며 이어줍니다. ⇩

20 경사뜨기(German Short Rows)

① 도안에서 제시한 콧수만큼 뜬 후, 편물을 뒤집습니다. 도안에서는 TURN이라고 표시합니다.

② 실을 앞으로 가져오고 왼쪽 바늘의 첫 코를 안뜨기 방향으로 옮깁니다.

③ 실을 뒤로 당겨주면 코 모양이 두 줄이 됩니다. 도안에서는 이 모양을 DS(더블스티치)코라고 표시합니다. 이어서 도안 지시에 따라 뜹니다. ⇩

④ 1-3번을 반복하며 되돌아뜨기가 모두 끝난 후에는 DS코를 정리하며 뜹니다. 이때 DS코는 1코라고 생각하고 한 번에 뜹니다.

엔젤 뷔스티에

참고사항 & 영상

유니크한 질감의 실로 하루 만에 완성할 수 있는 초간단 뷔스티에를 소개합니다.
레이어드 스타일의 센스 있는 아이템으로 완성도 높은 실루엣을 자랑합니다.
바텀업의 원통뜨기로 몸통을 완성하고, 앞판을 평면뜨기로 작업한 후
끈을 연결하면 끝! 엔젤 뷔스티에로 뜨개를 힙하게 즐겨보세요.

사이즈(cm) & 실 소요량(볼)

사이즈	1★	2	3	4
가슴둘레	76	80	84	88
옷 길이(끈 포함)	53	53	55	55
실 소요량	2	2	3	3

게이지 5mm 11코 24단

바늘 5mm / 케이블 60 or 80cm

실 '낙양모사' 헤즐-319 블랙

사용기법 겉뜨기, 안뜨기, 걸러뜨기, K2TOG, SSK

몸통 뜨기

코 잡기 5mm 대바늘에 84(88)92(96)코 일반 코 잡기

이제 시작마커를 걸고 원통뜨기로 작업합니다.

• 코가 꼬이지 않게 주의합니다.

1단(겉면) 모두 겉뜨기
2단(겉면) 모두 안뜨기

이제 모든 코를 겉뜨기로만 뜨며 17(17)19(20)cm까지 진행합니다.
원하는 길이에 도달하면 다음과 같이 뒤판은 덮어씌워 코막음으로 마무리하고, 앞판은 계속해서 평면뜨기로 작업합니다.

앞판 42(44)46(48)코 겉뜨기
뒤판 42(44)46(48)코 덮어씌워 코막음

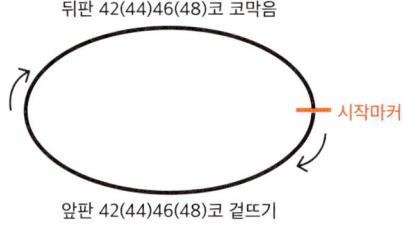

뒤판 덮어씌워 마무리 후 오른쪽 바늘에 1코, 왼쪽 바늘에 41(43)45(47)코가 걸린 상태입니다.

앞판: 암홀 줄이기

1단(겉면) SSK, 마지막 3코 남을 때까지 겉뜨기, K2TOG, 겉1
2단(안면) 모두 안뜨기
3단(겉면) 겉1, SSK, 마지막 3코 남을 때까지 겉뜨기, K2TOG, 겉1
4단(안면) 모두 안뜨기

3-4단을 총 3(3)3(1)번 반복합니다.
8(8)8(4)코가 줄어들어 바늘에는 34(36)38(44)코가 걸린 상태입니다.

이제 앞판을 절반으로 나눠 입었을 때 왼쪽 앞판부터 한 쪽씩 작업합니다.

(입었을 때) 왼쪽 앞판 뜨기

34(36)38(44)코를 절반으로 나눈 17(18)19(22)번째 코에 마커를 걸어줍니다.

1단(겉면) 겉1, SSK, 마커 3코 전까지 겉뜨기, K2TOG, 겉1, 편물 돌리기
2단(안면) 안 걸러뜨기1, 끝까지 안뜨기
3단(겉면) 겉1, SSK, 마커까지 겉뜨기, 편물 돌리기
4단(안면) 안 걸러뜨기1, 끝까지 안뜨기

1단-4단을 총 3(3)4(5)번 반복합니다.
1, 2사이즈만 1-2단을 한 번 더 반복합니다. 즉, 바늘에 6(7)7(7)코가 남을 때까지 뜹니다.

암홀과 V넥 줄임이 모두 끝났습니다.
남은 6(7)7(7)코를 다음과 같이 메리야스뜨기를 반복해 어깨끈을 뜹니다.

1단(겉면) 모두 겉뜨기
2단(안면) 안 걸러뜨기1, 끝까지 안뜨기

끈 길이가 30cm가 될 때까지 뜬 후 덮어씌워 코막음합니다.
실을 끊고 돗바늘을 이용해 뒤판을 감침질로 연결해 마무리합니다.

(입었을 때) 오른쪽 앞판 뜨기

이제 새 실을 걸고 오른쪽 앞판을 진행합니다.

1단(겉면) 걸러뜨기1, SSK, 마지막 3코 전까지 겉뜨기, K2TOG, 겉1
2단(안면) 모두 안뜨기
3단(겉면) 걸러뜨기1, 마지막 3코 전까지 겉뜨기, K2TOG, 겉1
4단(안면) 모두 안뜨기

1단-4단을 총 3(3)4(5)번 반복합니다.
1, 2사이즈만 1-2단을 한 번 더 반복합니다. 즉, 바늘에 6(7)7(7)코가 남을 때까지 뜹니다.

암홀과 V넥 줄임이 모두 끝났습니다.
남은 6(7)7(7)코를 다음과 같이 메리야스뜨기를 반복해 어깨끈을 뜹니다.

1단(겉면) 걸러뜨기1, 모두 겉뜨기
2단(안면) 끝까지 안뜨기

끈 길이가 30cm가 될 때까지 뜬 후 덮어씌워 코막음합니다.
실을 끊고 돗바늘을 이용해 뒤판을 감침질로 연결해 마무리합니다.